S’engager

Du même auteur

Avec Nicolas Duvoux, Johanna Rolland, Lucile Schmid, *La France sous haute tension. Colères, anxiétés et ressentis*, Éditions de l'Aube, 2024.

Marylise Léon
avec Cécile Amar

S'engager

Flammarion

ISBN : 978-2-0804-8795-7

À Sébastien, Louise et Gaspard

Un seul rendez-vous

C'est la première question qu'ils me posent, la première chose qu'ils veulent savoir, avant même de comprendre à quoi sert un syndicat, quel est mon métier, ou de me demander si j'ai des enfants et combien je gagne. Ce vendredi matin glacial de février 2024, à Lens, je rencontre les douze jeunes futurs apprentis, âgés de 16 à 21 ans, que je marraine. Leurs parcours sont cabossés, leurs vies compliquées. Ils veulent s'en sortir. Pendant six mois, ils s'apprêtent à entrer en apprentissage en suivant des formations, en découvrant différents métiers. Ils agissent déjà : ils préparent des repas, distribuent de la nourriture aux plus démunis, participent à des maraudes, donnent un coup de main à des épiceries solidaires. Ils et elles veulent travailler dans une crèche, dans le secrétariat ou, comme Rémy du haut de ses 17 ans, devenir agent de sécurité sur des chantiers de nuit. Ils sont attachants, drôles, spontanés. Ils ont la vie devant eux, pour peu que des adultes leur tendent la main et que des entreprises leur ouvrent leurs portes. Julien, lui, ne tient pas en place. Il parle beaucoup, rapidement, spontanément. C'est lui qui commence : « Est-ce que vous avez déjà vu Emmanuel Macron ? Est-ce que vous le connaissez ? »

Je connais Emmanuel Macron. Ou, plus exactement, je l'ai déjà rencontré. Le rendez-vous avait été fixé à la rentrée de septembre 2023. Un peu décalé parce que je m'étais blessée. Jambe cassée, impossible de me déplacer. Ce jeudi matin de fin d'été, en béquilles, je foulais donc les graviers de l'Élysée. J'étais secrétaire générale de la CFDT depuis quelques semaines et je rencontrais Emmanuel Macron en tête à tête pour la première fois. Je garde systématiquement des traces de mes rendez-vous, de mes activités, de mes rencontres. C'est une habitude qui ne me quitte jamais : je prends des notes chaque jour et remplis des carnets. Toutes les histoires que je vais vous raconter viennent de ces carnets, que je laisserai en archives à la CFDT à la fin de mes mandats.

Je ne suis pas adepte de la langue de bois, et si je devais trouver un adjectif pour qualifier ce premier rendez-vous, le 7 septembre 2023, je dirais « courtois ». Le cadre, le bureau du chef de l'État, s'y prête. La gravité de la situation sociale aussi. Ma nature et ma fonction également. Je vouvoie le Président, comme tous mes interlocuteurs. Nous n'avons pas d'habitudes de travail… Et il vient d'affronter les syndicats pendant des mois, en refusant de renoncer à sa réforme des retraites et au recul de l'âge légal à 64 ans. Le contexte est donc posé. Le monde du travail a plus que jamais besoin d'être écouté. Nous voulons être utiles aux travailleurs et ne pas nous enfermer dans des rancœurs stériles. Je lui indique que la CFDT sera au rendez-vous de la conférence salariale qui doit se tenir quelques mois plus tard. Pour cette première prise de contact, nous n'entrons pas dans le fond des dossiers, nous évoquons surtout l'actualité : la reprise du dialogue social après les retraites et la construction du budget. Côté budget, déjà, des solutions injustes fuitent des cartons de Bercy pour faire des économies sur le dos des travailleurs, et notamment des fonctionnaires. Je l'interroge sur ces jours de carence en cas d'arrêt maladie, ils sont déjà dans l'air. Il est sans détour : « C'est une mauvaise réponse à une vraie question. Il faut d'abord qu'on comprenne pourquoi il y a autant d'arrêts. » Nous sommes d'accord. J'évoque aussi la nécessité d'avancer sur l'attractivité des métiers dans les fonctions publiques ainsi que sur le besoin de moyens de l'Éducation nationale en cette rentrée scolaire. Je prends l'exemple de ce qui est à mes yeux une injustice insupportable : en France, en 2023, un enfant en situation de handicap sur quatre n'a aucune heure de scolarisation. Question cruciale qui appelle une réponse de l'État. Emmanuel Macron me rétorque que ce n'est pas complètement de son ressort mais de celui des élus locaux. Une façon de botter en touche, je le regrette.

Quarante-cinq minutes de discussion. Et puis c'est tout. Depuis ce rendez-vous, je n'ai pas revu Emmanuel Macron. Je ne lui ai pas parlé, je n'ai pas non plus échangé de messages avec lui. Je ne sais pas s'il a mon numéro de portable, mais je n'ai pas le sien. Je n'ai jamais vu ni eu aucun échange avec Alexis Kohler, le secrétaire général de l'Élysée. J'ai rencontré son successeur, Emmanuel Moulin, qui a demandé à me voir dès sa prise de fonctions. J'ai des contacts avec Constance Bensussan, conseillère spéciale, et Annelore Coury, conseillère au pôle santé et social. C'est avec elles que l'on gère les affaires courantes. Car les relations entre les syndicats et le pouvoir servent à cela : gérer les dossiers, faire remonter nos alertes, défendre les travailleurs, faire valoir nos positions.

Telles sont les relations avec le Président. Courtoises mais rares et distantes. Au fond, je ne suis pas surprise. Ce rendez-vous n'était pas le premier. J'avais déjà rencontré Emmanuel Macron en 2015, à Bercy, alors qu'il était ministre de l'Économie, pendant la loi dite « Macron », patchwork des dispositions pour « libérer l'économie » (les fameux « cars Macron », l'ouverture du travail le dimanche, les barèmes des prud'hommes...). J'étais alors responsable du dialogue social et des politiques industrielles à la CFDT. J'accompagnais Laurent Berger, notre secrétaire général, ainsi que le responsable des questions de travail. La position de la CFDT était simple : « Pas de travail du dimanche sans accord négocié, sans contreparties pour les travailleurs. » Emmanuel Macron voulait nous voir pour échanger, notamment sur la définition des périmètres des zones qui pourraient ouvrir le dimanche. Nous souhaitions les limiter. Le ministre voulait qu'il y en ait le plus possible. Nous étions également en désaccord sur les prud'hommes. Il nous répétait consciencieusement tous les éléments de langage des employeurs : « On ne peut pas embaucher tant qu'on ne sait pas ce qu'un licenciement nous coûtera aux prud'hommes. » Voilà pour le fond : repousser toujours les protections, au détriment des salariés, pour « libérer le travail ». Une divergence d'emblée sur l'utilité du dialogue et de la négociation collective. Personne ne se doutait bien sûr qu'il deviendrait président de la République. J'étais sortie du rendez-vous avec l'impression d'un ministre persuadé d'avoir raison et sûr de ses capacités de conviction. Ce qui m'avait frappée, c'est qu'il ne connaissait absolument pas le syndicalisme, nous en renvoyant une image poussiéreuse et datée. En noir et blanc en quelque sorte.

Cette impression qu'entre lui et les syndicats l'histoire allait être compliquée s'est confirmée le 16 mars 2017. Cet après-midi-là, à notre siège, nous soumettions à un grand oral quatre candidats à la présidentielle. En pleine campagne, François Fillon, Benoît Hamon et Alexis Corbière, porte-parole de Jean-Luc Mélenchon, étaient venus parler travail, dialogue social, retraites, assurance chômage devant nos militants et nos dirigeants. Emmanuel Macron était à Berlin, avec la chancelière Angela Merkel. Mais il avait enregistré une vidéo, dans les conditions du direct, que nous écoutions tous attentivement. Un peu plus d'un mois avant le premier tour, il était déjà le favori de l'élection. Ses mots allaient sacrément remuer la salle : « Pour moi, le cœur de métier des syndicats, c'est vraiment la négociation au niveau de l'entreprise et de la branche, beaucoup moins la gestion des grands risques nationaux… Je dis "moi Président", je veux reprendre ma part de responsabilité sur le chômage, la formation continue. Ils ne sont pas à déléguer aux partenaires sociaux. » Voilà que le futur Président nous expliquait que l'État allait s'occuper de tout et nous des entreprises, un point c'est tout. Je pense, et toute la CFDT avec moi, que la raison d'être des syndicats est exactement le contraire. Nous portons un projet de société. Nous étions prévenus. La confrontation allait être rude. Elle le fut.

Quand Emmanuel Macron est élu Président le 7 mai 2017, je pense qu'il peut profondément faire muter la vie politique. Il bénéficie d'un élan, d'une dynamique, d'un enthousiasme, il a toutes les cartes en main et les moyens de transformer le pays. Sur le rôle et la place des organisations syndicales, nous ne sommes pas du tout d'accord. Nous défendons deux conceptions différentes. À la CFDT, nous l'avons compris très vite. J'avais aussi lu son livre programme, *Révolution*, publié pendant sa campagne ; une vision descendante de la transformation, sans place pour la discussion. J'ai réalisé alors que nous n'avions pas non plus la même vision de la protection sociale. Il parlait beaucoup d'émancipation – ce qui est également notre vocabulaire –, mais nous ne donnons pas au mot le même sens. Pour lui, l'émancipation, c'est plus : « Si on veut on peut. Chacun doit se prendre en main. » Selon moi, c'est un peu plus compliqué que cela, notamment en matière de protection sociale. Son idée, c'est de passer d'un système où l'on contribue en fonction de ses moyens et où l'on bénéficie de soins, de prestations en fonction de ses besoins, à une autre logique : « Tout le monde contribue de façon identique et bénéficie d'une prestation identique. » Je pense que ça ne marche pas comme ça. Il ne suffit pas de considérer que l'on est égaux parce que l'on a le même pécule de départ. La vie est faite d'accidents, de plongeons, de rebonds, d'opportunités, de belles rencontres. Elle n'est pas linéaire. Quand on a un pépin, un échec, une difficulté, on peut ne pas s'en sortir seul. J'ai souvent en tête ces mots de Marie-Aleth Grard, ex-présidente d'ATD Quart Monde, qui me répète inlassablement que ce qui compte par-dessus tout, c'est le respect de l'égale dignité de tous les êtres humains. Il faut donc des politiques publiques décidées et mises en œuvre en prenant en compte leur impact sur les 10 % les plus pauvres, pour que personne ne soit laissé au bord du chemin. C'est une question de dignité. Une question d'égale dignité des invisibles. Un peu plus de 9 millions de personnes sont en situation de pauvreté en France en 2025. Ce chiffre n'a fait qu'augmenter ces dernières années. Loin d'un monde « sans personne à la rue » promis par Emmanuel Macron en 2017.

Très vite, je suis passée des interrogations aux inquiétudes. Très vite, je comprends que pour le président de la République le dialogue social est une perte de temps, qu'il empêche d'avancer rapidement et de réformer. Si le candidat à la présidentielle défendait la place des organisations syndicales dans les entreprises, le Président défend, lui, plutôt le lien direct employeur-salarié dans les petites entreprises. Cela se traduit dans les ordonnances travail dès l'été 2017. Il a tout à fait le droit de le penser. Mais sa vision, qui témoigne d'une grande méconnaissance du travail et de la vie réelle des entreprises, est opposée à la nôtre. Puis, tout aussi vite, je me rends compte qu'il avance « masqué ». Dans *Révolution*, il expliquait que l'assurance chômage était une affaire d'État. Pour lui, le syndicat n'a pas de légitimité à s'occuper de ces questions, à définir les règles et à gérer, surtout des montants aussi importants. Plus de 40 milliards de recettes, ce doit être trop sérieux pour des syndicalistes... Je me suis occupée de ce dossier. Je le connais bien. Comme numéro deux de la CFDT, en juin 2018, je reprends celui de l'emploi et de la lutte contre la pauvreté. Un accord sur l'assurance chômage avait été signé en avril 2017. Il ne devait pas y en avoir de nouveau avant trois ans. Et pourtant...

En rentrant de congé, une lettre de cadrage est adressée aux syndicats de salariés et du patronat. Trois à 3,9 milliards d'euros d'économies sont demandés sur trois ans. Une nouvelle négociation démarre. De bien mauvaises bases pour une discussion. La négociation échoue mais je comprends que c'est ce que l'État voulait. Son but : nous mettre en situation d'échec et reprendre ainsi la main. J'aurais préféré plus de clarté et pas de mensonge. Au vu de la lettre de cadrage, des économies demandées, de la façon dont la négociation était corsetée, nous avons immédiatement dit que l'État voulait reprendre la main. Mais on nous a expliqué que nous nous trompions. C'était pourtant la réalité. Je ne l'ai pas oublié. Puis, entre Emmanuel Macron et les syndicats en général, et la CFDT en particulier, il y a eu les réformes des retraites.

Rien ne me prédestinait à cette vie

Je préparais en famille le repas pour le réveillon. Il était 19 heures, ce 24 décembre 2024. Comme des millions de Français, j'allais fêter Noël. La vie de secrétaire générale de la CFDT est très prenante, garder du temps pour les miens est impératif, même si c'est parfois difficile. Les fêtes de fin d'année sont le bon moment pour décrocher, me ressourcer, profiter de mes proches. Mon téléphone sonne. Le nom de François Bayrou s'affiche. Je décroche. Si le Premier ministre me joint un 24 décembre, c'est qu'il doit y avoir une urgence. « Vous êtes en famille ? Je voulais vous souhaiter un joyeux Noël. » Nul dossier à traiter, juste une fête à souhaiter. Il m'avait appelée une fois depuis que j'étais à la tête de la CFDT, quelques jours après sa nomination comme Premier ministre. Nous sommes convenus de nous voir après les fêtes. Quand je raccroche, mes enfants sont un peu surpris. Leur maman a décidément un drôle de travail.

Rien ne me prédestinait à ce coup de téléphone. Rien ne me prédestinait à cette vie. Je suis née le 23 novembre 1976 au Mans. Toute ma famille est originaire de Bretagne, Finistère Nord. Mon père, aujourd'hui à la retraite, a fait des études d'ingénieur. Il a travaillé dans des entreprises de transport urbain et vient d'un milieu modeste, voire très modeste. Repéré par son instituteur qui trouvait qu'il se débrouillait particulièrement bien en classe, à l'école du village, L'Hôpital-Camfrout, il est parti dès la sixième en internat à Brest. Puis il a fait l'ECAM, les arts et métiers catholiques à Lyon. Il a beaucoup déménagé quand il a commencé à travailler. Une fois à la retraite, il est revenu s'installer chez lui. Il est élu maire de sa commune en 2020. Un maire sans étiquette politique, comme des milliers d'élus locaux. Ma mère, elle, est née et a grandi à Landerneau. Elle a fait des études de secrétariat et a travaillé plusieurs années comme secrétaire comptable à Brest. Mes grands-parents viennent de milieux assez éclectiques. Un grand-père commercial en carrelage, l'autre marin militaire. Je me souviens que mes grands-parents paternels travaillaient beaucoup au jardin et aux champs à côté de la maison : pommes de terre, haricots, fraises… Et pendant les vacances d'été à L'Hôpital-Camfrout, avec mon frère, nous faisions les cueillettes pour avoir de l'argent de poche.

Mes parents se sont connus dans le cadre de leurs cercles celtiques. Mon père jouait du biniou, ma mère pratiquait la danse bretonne. La culture de la région est très ancrée dans ma famille : la musique, la danse, la langue (mon père parle couramment breton et l'a étudié jusqu'au lycée). Pas moi. Je ne connais que quelques mots et quelques expressions, fréquents dans nos conversations. J'ai grandi dans une famille où l'on parlait de beaucoup de choses, d'actualité, mais aussi de politique. Mes parents n'ont d'ailleurs jamais raté une élection. Je ne pense pas qu'ils le vivent comme une obligation mais le rituel électoral est vraiment important pour eux, comme pour moi. Ils ont par ailleurs toujours été très engagés. Mon père dans sa vie professionnelle et dans la vie associative locale, et quand j'étais enfant dans le club de football. Quant à ma mère, elle a toujours été bénévole dans différentes associations de musique, de parents d'élèves, de solidarité, notamment dans une association de soutien scolaire à des enfants de demandeurs d'asile. Mais personne n'a jamais été syndicaliste autour de moi. Je suis une exception.

J'ai eu une enfance très heureuse. Mes parents m'ont transmis la confiance ; avec eux, c'était simple : si je faisais une bêtise, je comprenais vite qu'il ne fallait pas recommencer. Ils me l'ont donnée sans forcément le verbaliser. Comme dirait ma fille : « En pierre, tu ne dis rien. » Donner confiance, transmettre l'importance de faire confiance. C'était la clé de mon éducation. Mes parents m'ont permis de gagner en assurance, en me laissant disposer très jeune d'une grande liberté. C'était une chance immense. Un grand soutien dans tout ce que j'ai toujours fait, et une totale autonomie dans mes choix. Voilà ce que je retiens de cette enfance joyeuse, ce que j'espère avoir transmis à mes enfants. Construire leur confiance en eux, c'est essentiel. Je leur ai aussi transmis le goût du débat et de la négociation et je suis servie à la maison… Les chats ne font pas des chiens.

Enfant, je voulais être pilote d'avion. Puis, au collège et au lycée, j'ai un temps voulu devenir chanteuse lyrique. Au cours de mon adolescence, j'ai fait beaucoup de musique classique, du chant, en chœur et en solo. Mes parents, et surtout ma mère qui a beaucoup pratiqué le piano et le chant, m'ont toujours encouragée dans cette voie. Ils laissaient tout ouvert, en guidant sans contraindre. Ma mère m'a mise devant son instrument dès mon entrée en primaire. J'ai beaucoup aimé partager cette passion avec elle. Elle m'anime encore aujourd'hui : j'adore écouter de la musique classique, de l'opéra.

En 1994, j'ai passé un bac scientifique, option musique. La même année, je faisais partie d'un chœur qui a monté le *Requiem* de Mozart. Je jonglais entre les révisions, les épreuves du bac et les répétitions pour le concert. Nous avons finalement chanté à la cathédrale du Mans. C'était une représentation très particulière : nous chantions en deuxième partie d'une grande première. Avant nous, un concerto pour clarinette de Mozart était joué par un musicien du conservatoire de Toulouse. Il avait reconstitué l'instrument de l'époque de Mozart, un cor de basset. Je me souviens encore de la joie et du plaisir partagé avec mes voisines de pupitre, des sopranes. Je me suis sérieusement posé la question de suivre des études de musicologie, mais je savais que je n'étais pas assez talentueuse pour en faire mon métier. J'ai finalement opté pour la filière scientifique, au grand soulagement de mon père, qui considérait tout de même que « c'était pas sûr que ce soit avec la musique que je gagne ma croûte ». Bac en poche, je pars à Angers pour tenter le concours de pharmacie. Sans succès. J'étudie ensuite la physique et la chimie. Aujourd'hui, je ne chante plus mais je connais encore par cœur le *Requiem* de Mozart, de la première à la dernière note.

De la fin du lycée à mes années de fac, la droite était au pouvoir. J'ai toujours été très intéressée par les questions politiques. Mes groupes d'amis aussi. Aucun de nous n'était militant ou adhérent mais nous échangions sans cesse sur la politique, les élections. Nous n'avions pas de méfiance particulière vis-à-vis des partis mais nous n'avions aucune envie de nous y investir. Au fond, jamais nous ne nous sommes dit qu'ils étaient des espaces pour nous. Ce qui nous intéressait, c'était l'environnement, la place des jeunes et l'avenir à construire.

J'ai grandi sous les mandats de François Mitterrand. J'avais 5 ans quand il a été élu Président. Les parents de certains de mes amis avaient fêté sa victoire, place de la Bastille, leurs enfants juchés sur les épaules. Pour d'autres familles, ç'avait été un non-événement ou une mauvaise nouvelle. Quoi qu'il en soit, Mitterrand était une figure de nos vies, une figure un peu lointaine. Je me rappelle avoir suivi à la radio la cérémonie de ses obsèques, dans ma chambre d'étudiante à Angers, en janvier 1996. Ce moment de recueil national autour de la disparition d'un président de la République m'avait marquée. Une page de l'Histoire se tournait. Une page de nos vies aussi.

Loin des images des facs occupées, des AG enflammées, je ne rencontre le syndicalisme que tardivement. Au cours de mon cursus scientifique, je n'ai jamais croisé un syndicat étudiant. Ni à Angers pendant ma licence de sciences de la vie et de la terre, ni à Créteil pendant ma maîtrise de sciences et techniques en génie sanitaire et environnement. Même à Jussieu, haut lieu de la contestation étudiante, je n'ai croisé aucun syndicaliste pendant mon DESS qualité chimique et biologique des atmosphères. Par mes études, je m'intéressais passionnément à l'environnement, sur le fond. Mais les partis politiques écologistes de l'époque ne m'ont jamais donné envie de les rejoindre, de militer. J'avais d'eux l'image qu'ils renvoyaient : règlements de comptes, divisions et course aux candidatures. Les associations de défense de l'environnement ne m'attiraient pas plus. Elles me semblaient trop politisées et pas assez tournées vers l'action à mon goût. Le militantisme, l'engagement politique, ce n'était pas mon monde ni celui de mes camarades. Notre monde était hétéroclite et loin de tout cela. Aujourd'hui, mes amies sont psychologue auprès d'enfants handicapés, cadre en préfecture au bureau des régularisations ou encore inspectrice de l'environnement. Rien à voir avec la politique ou le syndicalisme.

Mon DESS en poche, il m'a fallu travailler. Je rejoins alors un cabinet de conseil et d'étude, après quelques mois de chômage. Je suis responsable sécurité environnement. J'y reste de 1999 à 2003. Mon rôle ? Accompagner les entreprises et les aider à prendre en compte les normes environnementales qui émergent alors, à adapter leur fonctionnement à la nouvelle législation et au suivi des émissions polluantes (gaz, fumée, etc.). J'interviens dans différents types d'entreprises : des PME, des établissements de grands groupes, de gros sites industriels, des usines d'incinération d'ordures ménagères, des usines de la chimie, de la pétrochimie. Cette diversité me plaît. Je travaille avec des élus du personnel. C'est là que je rencontre le syndicalisme, dans le cercle professionnel. Car c'est dans le cercle privé que j'ai commencé à côtoyer la CFDT. Le père de mon compagnon, Sébastien, que j'ai rencontré pendant mes études, a été un responsable syndical. Postier engagé à la CFDT, il a gravi tous les échelons de l'organisation jusqu'à devenir trésorier de la FUPT (Fédération unifiée des postes et télécommunications)-CFDT. Mais je ne m'imagine alors pas syndicaliste. Pas pour le moment.

En travaillant avec différents élus du personnel, je comprends très vite que la représentation collective est indispensable. Je me rends bien compte qu'entre la théorie et ce que me racontent les représentants du personnel, l'écart est important. Or, sur les sujets de sécurité, un rien peut entraîner une catastrophe. Dans une installation classée, si toutes les barrières de sécurité existent sur le papier, il faut s'assurer qu'elles fonctionnent vraiment. Ce sont les élus du personnel qui le disent : « La vanne, oui, elle existe, mais on n'arrive pas à la décoincer depuis six mois. » Dans tout incident industriel, les premières victimes sont les salariés. Je travaille avec les syndicats et avec des élus sans étiquette. Mon domaine ? Environnement, santé, sécurité. Je rencontre des gens formidables, de tous bords syndicaux. Je commence aussi à noter les différences entre les syndicats. La marque de fabrique de la CFDT, c'est un attachement profond aux conditions de travail. Je n'ai jamais rencontré un élu CFDT en CHSCT (Comité d'hygiène, de sécurité et des conditions de travail) qui ne soit pas pris aux tripes par son mandat. Il s'agissait de conditions de travail difficiles, de risques mortels, c'était donc essentiel. La CFDT était vraiment différente. Je n'avais pas encore basculé, mais j'avais déjà mon syndicat de cœur.

C'est surtout au contact des élus du personnel que j'ai changé. Petit à petit, je ne veux plus travailler avec les directions. Les employeurs, je n'en peux plus ! J'ai côtoyé des personnes admirables, ce n'est pas la question. J'ai aussi eu des moments compliqués avec d'autres, qui avaient du mépris pour leurs salariés. Je veux alors être plus utile. Je réponds à une annonce d'Idéforce, l'organisme de formation et d'études de la fédération chimie énergie de la CFDT. Je vais pouvoir faire le même travail mais pour les seuls élus. La plus-value de mes savoirs académiques et leur expérience seront une grande force. Je contribuerai à conforter leur légitimité. J'arrive en septembre 2003 et, lors de la première journée de formation, un participant me dit : « Nous, on veut parler des retraites. » C'est le baptême du feu. Nous réorganisons la semaine de formation pour avoir un temps de débat. J'ai suivi bien entendu la réforme des retraites de François Fillon, qui prévoyait l'alignement de la durée de cotisation des fonctionnaires sur celle des salariés du privé et l'allongement de la durée de cotisation pour tous à quarante et un ans à l'horizon 2012. J'ai participé aux manifestations du printemps. En travaillant dans l'industrie, j'ai vu les effets du travail de nuit, du travail posté, des horaires décalés. Tous les travailleurs ne peuvent pas être traités de manière uniforme. Le secrétaire général de la CFDT, François Chérèque, dit alors avoir obtenu des avancées. Les carrières longues, ça me parle. Des départs anticipés pour ces salariés, c'est de la vraie justice sociale. À l'époque, je ne suis pas encore rompue au fonctionnement des organisations syndicales et je ne mesure pas le malaise créé en interne par les déclarations de François. Ce qu'il a dit me semble juste sur le fond. Sur le contenu, je suis à l'aise. Mais les débats portent plus sur le fonctionnement interne, il s'est exprimé avant que le Bureau national – l'instance collective de direction – ne se soit réuni. Les militants veulent en discuter.

Je connais François Chérèque parce qu'on le voit à la télévision, mais je n'ai aucun lien avec les autres structures de la CFDT. Moi, je m'occupe de formation. Je travaille sur les questions de sécurité, je passe mon temps avec des opérateurs de production, des techniciens de maintenance industrielle, des chaudronniers, des soudeurs, des techniciens de laboratoire, des chefs d'équipe ; j'ai toujours évolué dans des milieux très masculins. Je n'ai connu que ça. C'est représentatif du salariat des secteurs de la chimie et de l'énergie. Il y a une plus grande mixité à la fédération. Je travaille avec des responsables de branche et les syndicats territoriaux (il y en a 27 dans la fédération). J'adore ça. Je me concentre essentiellement sur les enjeux de santé et les conditions de travail. Je travaille beaucoup avec la chimie.

Arrive le procès AZF, celui d'une explosion qui a provoqué 30 morts, dont 21 sur le site industriel. Je participe au groupe qui suit l'instruction. Je travaille avec l'avocat et les équipes. C'est un moment important. Depuis plusicurs annécs, jc connais le responsable du syndicat chimie énergie, Georges Arcizet, dit Jojo. Salarié d'AZF, il était présent le jour de l'explosion du hangar 221, sur un site de l'entreprise Grande Paroisse, filiale de Total. C'était le 21 septembre 2001, dix jours après les attaques terroristes d'Al-Qaïda aux États-Unis. La concordance des dates peut intriguer et la piste de l'attentat est évoquée dans un premier temps. L'instruction a cherché à établir les faits, à comprendre ce qui a pu se passer ce jour-là. Le procès AZF est une première : les accusations concernent à la fois l'entreprise et l'ancien directeur du site. Quand il commence, en 2009, le scénario est celui d'un accident survenu parce que deux produits (du chlore et du nitrate d'ammonium stockés dans le hangar 221) sont entrés en contact alors qu'ils n'auraient pas dû. Il se conclut par une relaxe. Le parquet fait appel en 2012 et la société Grande Paroisse ainsi que l'ancien directeur du site sont condamnés pour homicide involontaire. En 2017, au procès de renvoi, le directeur et l'entreprise sont reconnus coupables de négligence et faute caractérisée. Les condamnés se pourvoient en cassation : pourvoi rejeté en décembre 2019. Nous sommes près de vingt ans après la catastrophe. Le temps de la justice n'est décidément pas celui des victimes. Pendant toutes ces années, je travaille avec Jojo. L'usine ayant explosé, il n'a plus de travail. Il est en retraite anticipée. Avec son collègue Camille Gallo, ex-salarié de la Société nationale des poudres et explosifs, ils se mettent à la disposition de la CFDT pour dispenser des formations. J'aime être avec eux. J'aime passer du temps avec des militants. J'ai changé de monde sans bien en avoir conscience. Je suis devenue une syndicaliste mais, à cette époque, je ne pense pas du tout que telle sera ma vie.

Le choix de l'engagement

Le syndicalisme est donc entré dans ma vie à ce moment-là. Mais il n'était pas ma vie. J'y prenais du plaisir, je me sentais utile. La vie continuait son chemin. J'attendais mon premier enfant. J'allais avoir 32 ans. On était à l'automne 2008. Tout a commencé par une simple question. Le patron de la fédération chimie énergie de la CFDT, Jean-François Renucci avait « un truc à me demander ». « Est-ce que ça te dit de rejoindre la fédération comme déléguée fédérale ? Veux-tu entrer dans le staff de la fédé pour prendre politiquement le dossier des conditions de travail ? » À l'époque, on travaillait sur la mise en place des cellules syndicales de crise, sur les enseignements à tirer de la catastrophe d'AZF. La période était stimulante. Je voulais continuer d'apprendre. J'accepte donc le défi.

Ma fille naît en décembre. Je commence en 2009 après mon élection par le comité directeur fédéral. Je m'occupe en plus de la branche papiers-cartons, une branche à laquelle je suis encore très attachée. On continue de travailler sur le sujet des risques industriels majeurs. J'apprends tous les jours. Je prends la mesure des risques nucléaires. Je fais des rencontres incroyables. C'est une richesse quotidienne. Je me demande toujours pourquoi le syndicalisme est si méconnu, pourquoi j'ai mis tant d'années à découvrir cet univers.

En 2010, j'ai un deuxième enfant, un garçon. Quand je reviens de congé maternité, Jean-François me propose un nouveau poste. Je deviens alors l'une des dirigeantes de la fédération chimie énergie. Je m'occupe toujours des conditions de travail et je prends la coordination de l'actualité revendicative, les dossiers emploi et formation professionnelle. Surtout, pour la première fois, je rencontre la confédération, la direction nationale en quelque sorte. Plus j'avance dans la CFDT, plus je fais face à de nouvelles réalités, notamment celle des unions régionales. J'essaie de comprendre l'architecture de la confédération, ce qui n'est pas toujours très simple. Vu d'une fédération, c'est assez complexe et je trouve le fonctionnement très vertical. La première réunion nationale à laquelle je participe, c'est l'assemblée générale des syndicats de novembre 2012. François quitte le secrétariat général et Laurent arrive. Je ne le connais pas. Il est résolu à faire bouger l'organisation, qu'elle soit moins descendante, en la mettant tout entière au service des militants, une transformation dont je partage pleinement la vision. Je rentre au comité de gestion de la CNAS (Caisse nationale d'action syndicale). C'est un outil de soutien à l'action syndicale, qui s'occupe notamment de l'indemnisation des jours de grève. Car chaque adhérent CFDT qui fait grève est indemnisé de sa perte de salaire. Fin 2013, j'anime une réunion compliquée : je traite un conflit interne entre militants d'une très grosse entreprise de la chimie. La discussion est particulièrement tendue, le ton monte. Au milieu de cette tension, mon téléphone sonne. Jean-François m'appelle : « J'ai rencontré Laurent Berger, il a une très bonne proposition. Il souhaite que tu intègres la commission exécutive de la confédération. » Je suis très surprise et ne peux que lui donner une réponse plutôt vague : « Je n'en sais rien. La conf', je ne connais pas vraiment. Je vais réfléchir. »

Je rencontre Laurent pour la première fois et je lui pose trois questions sur le mandat qu'il me propose : « Sur quels sujets ? Quelle est l'équipe ? Comment travaille-t-on avec toi ? » Sa réponse est sans détour : « Je te réponds si tu me dis que tu es intéressée ! » Laurent, je le voyais au Conseil national et à la télévision. Ses orientations étaient enthousiasmantes. Sa spécificité ? On joue la proximité avec les salariés et les agents des fonctions publiques, on recentre l'action syndicale sur l'accompagnement des militants. Je le revois. Il conclut que je ne serai jamais trésorière car je me trompe sur mon âge ! Je me vieillis de deux ans. Mais le courant passe entre nous. L'envie de travailler ensemble devient vite évidente.

J'accepte. Je monte en responsabilité sur les politiques industrielles, énergétiques, le développement durable, l'enseignement supérieur et la recherche et le dialogue social. C'est vaste et passionnant. Je m'embarque pour quelques années. Je prends un chemin particulier. Le choix du syndicalisme, je l'ai fait six ans plus tôt, en 2008. C'est un choix que je sais singulier mais qui me plaît profondément.

En 2012, l'élection de François Hollande porte pour le corps social un élan, un espoir de changement. De là où je suis à l'époque, je ne mesure pas que cette élection va changer le rôle que doit jouer la CFDT. L'agenda social se densifie, des conférences sociales, des rencontres s'organisent, la confédération pousse ses propositions et obtient des avancées concrètes. Je progresse sans cesse dans la CFDT. En juin 2014, j'entre au Bureau national, l'instance de direction de 42 membres. Je découvre, un peu étonnée, les relations ministérielles, les organisations patronales au niveau national. Je passe beaucoup de temps avec Laurent. C'est stimulant de travailler ensemble. Il me fait confiance et je suis en phase avec son orientation. Avec lui et mes collègues de la commission exécutive, je rencontre des ministres, des responsables politiques. Puis, en 2018, Laurent me demande d'être sa numéro deux, de devenir secrétaire générale adjointe. Je m'occupe alors de l'emploi, de l'assurance chômage, des relations avec les autres syndicats. C'est le début d'un vrai binôme. Une nouvelle aventure commence. Je suis une dirigeante de la CFDT.

Ce que je retiens de ces années, ce sont mes échanges avec de grands militants comme Edmond Maire, qui dirigea la confédération de 1971 à 1988. Figure de la deuxième gauche, celle qui préfère la réforme à la Révolution, Edmond a été l'homme du « recentrage » de la CFDT, celui qui a finalement permis notre indépendance des partis politiques. C'est une figure tutélaire et fraternelle parmi d'autres. La CFDT est une vraie famille, militante, intellectuelle. Avec Edmond, c'était la complicité des chimistes (il était aussi adhérent de ma fédération). Je l'ai connu à la fin de sa vie. Nous avons eu des échanges réguliers entre 2015 et 2017, l'année de sa disparition. Une complicité syndicale marquée par une grande liberté pour se dire franchement les choses. C'était cela, notre relation, une relation qu'il qualifiait lui-même d'égalitaire. Il me disait régulièrement : « Marylise, avec toi, je suis de plain-pied. » Il aimait beaucoup écrire. Quand il m'envoyait une petite note, je savais qu'il fallait que je réponde vite. Il me disait toujours : « Un bon syndicaliste, c'est un syndicaliste qui lit et qui s'informe régulièrement. » Avec lui, il fallait être précis. Jamais d'approximation. Une bonne école. Il disait souvent que ses meilleurs souvenirs de militant étaient ceux de l'époque où il était délégué syndical dans la chimie. Une des premières anecdotes qu'il m'a racontées, c'était qu'il avait fait tourner chèvre son patron à force de négociations salariales. Les responsables n'arrêtaient pas de dire : « Les gens sont bien payés, il n'y a pas besoin d'augmentation. » Du coup, il s'était posté à la sortie de l'usine et il avait demandé à chacun son salaire. Il avait tout noté. Ça avait rendu dingue son DRH. Il était content d'avoir obtenu de belles augmentations. Passionné de la condition ouvrière, Edmond aimait parler de la fierté et de la grandeur du syndicalisme. Il m'a offert un livre qu'il aimait beaucoup : *L'Histoire du mouvement ouvrier de 1830 à 1953* [1]. Nous en parlions souvent. Je retiens de lui cette fraternité militante. Lorsque je lui faisais part de mes doutes, de mes interrogations pour ou sur l'organisation, il me disait toujours : « Il ne faut jamais craindre d'être étiqueté. Il nous faut être des syndicalistes authentiques. » Pour lui, il s'agissait d'accepter de ne pas être mis dans une case, d'avoir le courage de

1. Dolléans Édouard, *Histoire du mouvement ouvrier*, 3 tomes, Armand Colin, 1953.

défendre nos positions, même minoritaires. Cette liberté de penser est essentielle. En 1995, sur la réforme Juppé, comme en 2019, sur la défense d'une retraite à points, la CFDT n'était pas sur la même ligne que les autres. Peu importe. Avoir le courage de porter ses idées, c'est notre marque de fabrique. Cette leçon d'Edmond, je ne l'ai jamais oubliée. Je défendrai toujours mes convictions, quoi qu'en disent les uns ou les autres.

La blessure démocratique

Je n'aurais pas dû être là. Ce rendez-vous aurait dû être un tête-à-tête entre Laurent et le Président. Finalement, ce dimanche 11 décembre 2022, en fin d'après-midi, je suis à l'Élysée avec Laurent Berger et Yvan Ricordeau, qui suit le dossier des retraites pour la CFDT. En face de nous, Emmanuel Macron, Élisabeth Borne et Olivier Dussopt. Je crois qu'il y a aussi le secrétaire général de l'Élysée, Alexis Kohler, son inséparable pile de dossiers sur les genoux. Depuis des semaines, nous clamons notre opposition à la réforme des retraites et au décalage de l'âge de départ à 64 ans. Avec tous les autres syndicats, nous avons annoncé une mobilisation commune dès janvier. Mais le Président croit qu'il peut nous faire changer d'avis. C'est un peu le rendez-vous de la dernière chance. L'ambiance est tendue, glaciale. Chacun fait très attention à ce qu'il dit, car une réunion non officielle ne reste jamais secrète. Le mot qui me vient à l'esprit pour décrire l'ambiance de ce rendez-vous est « congelée ». Le Président pense que nous ne serons pas dans le mouvement social. Il n'a pas l'intention de bouger sur la réforme. Il tente d'obtenir que la CFDT ne manifeste pas et défende la ligne : « On est contre les 64 ans, mais il y a des mesures positives. » Il essaie à nouveau de nous convaincre. En vain. Seuls Laurent et le Président s'expriment, sans que la discussion soit fructueuse. Laurent répète que cette réforme est injuste, que tous les syndicats la rejettent, que les Français seront avec nous. Le Président est sûr de lui, du bien-fondé des 64 ans, et certain aussi que nous ne descendrons pas dans la rue. La Première ministre est plus inquiète et semble consciente que l'on ne bluffe pas. Olivier Dussopt est persuadé que la CFDT n'ira pas dans un mouvement avec les autres organisations syndicales, que ce ne serait pas fidèle à notre histoire. Au fond, je pense qu'ils croient tous mieux connaître la CFDT que nous-mêmes. C'est formidable ! Depuis des semaines nous préparons avec l'intersyndicale les manifestations contre leur réforme. Mais le pouvoir pense que nous ne le ferons pas. Ils ne nous ont pas crus. Ils ont sous-estimé l'exaspération citoyenne face à cette réforme brutale et face à un Président qui ne cesse de dire que les Français ont voté pour les 64 ans, oubliant le barrage à l'extrême droite. Ils ont sous-estimé la colère militante d'organisations qui, toutes, ressentent le mépris des gouvernements pour les syndicats. Ce dimanche soir, nous sortons du rendez-vous plus déterminés que jamais. L'affrontement aura bien lieu. Nous quittons l'Élysée et nous préparons les baskets.

J'écris « baskets » et je me souviens d'un débat en Bureau national en septembre 2022. Je l'ai dit, le Bureau, c'est notre direction, et à 42 nous y construisons collectivement notre stratégie. Nous y abordons tous les sujets revendicatifs (salaires, travail, emploi, égalité femmes-hommes, formation professionnelle, protection sociale, etc.) et internes (développement syndical, budget, systèmes d'information, formation syndicale, etc.). Des questions très sérieuses et d'autres plus légères. Une organisation syndicale, c'est aussi une équipe d'hommes et de femmes. Une grande maison. Avec ses rituels et son humour. Lors de ce Bureau national de rentrée, le débat d'actualité était particulièrement animé. La réforme des retraites en était évidemment le sujet central. Yvan Ricordeau avait proposé de demander : « Baskets ou mocassins ? » J'avais répondu : « Yvan, arrête, plus personne ne porte de mocassins en 2022. » C'était devenu « baskets ou bottines ? », une manière de demander si on privilégiait les manifestations ou les discussions. Cela restera entre nous un des gimmicks de ce mouvement social inédit. Dès la rentrée, donc, nous nous préparions. En déclenchant une mobilisation de cette ampleur, nous n'avions pas le droit à l'erreur, impossible d'improviser. Nous travaillions par conséquent à mobiliser toute la CFDT. Il faut s'opposer à cette réforme injuste. Dans la rue, puisque rien d'autre n'a fonctionné.

Tout a commencé pendant cette drôle de campagne présidentielle en 2022. J'écris « drôle de campagne » car ce fut encore une fois un affrontement de personnalités, plus que de programmes. Un matin, Emmanuel Macron annonce qu'il va faire une réforme des retraites, qu'on partira maintenant à 65 ans (au lieu de 62 ans). Je suis surprise. C'est un renoncement à un projet de retraite universelle qui, pour la CFDT, doit être l'un des piliers du pacte social du XXIe siècle, le pacte social du temps choisi. Ce projet, Emmanuel Macron l'avait pourtant porté en 2019, avant de l'abandonner. J'en suis convaincue, une telle réforme répondrait aux aspirations des gens. Aujourd'hui, les travailleurs veulent pouvoir décider du moment de leur départ à la retraite en connaissant le montant de leur pension, en arbitrant entre leur envie de partir et leur équation économique. Certains sont prêts à partir avant en gagnant moins. Les situations sont très hétérogènes (le conjoint, la maladie, la fatigue, le déroulement de carrière…), alors pourquoi imposer le même âge de départ pour tous ? Un régime universel, des règles plus communes qu'actuellement produiraient davantage d'équité ; ce serait un moyen de répondre aux difficultés des polypensionnés qui passent du privé au public. Les déroulements de carrière montrent que ces allers-retours seront de plus en plus fréquents. Aujourd'hui, c'est une galère sans nom. La retraite universelle est donc un projet de justice sociale, de transparence, de lisibilité et de prise en compte de différents critères (niveau d'étude, âge d'entrée sur le marché du travail, conditions de travail, déroulé de la carrière, etc.). Chacun pourrait alors piloter sa carrière et son départ à la retraite, en adulte. C'est la réforme que nous défendons. C'est un idéal. Car j'ai conscience que cela n'imprime pas beaucoup dans le débat public. Cela nécessiterait du temps long. Et malheureusement, le temps politique n'est pas du tout le temps social. En Suède, il a fallu près de quinze ans pour mettre en place un régime universel (tous secteurs et types de statuts confondus) et à la carte, c'est-à-dire que les travailleurs ont de vrais choix possibles. Telle est ma réforme des retraites rêvée. Alors forcément, quand j'entends le Président-candidat prôner une simple mesure arithmétique, les 65 ans, je suis d'abord déçue. Et rapidement en colère. On retombe sur une mesure d'âge, dite mesure paramétrique. C'est injuste, car cela touche indifféremment tous les travailleurs, quelles qu'aient été leurs vies professionnelles. Cela ne règle en rien les inégalités actuelles. Dès qu'Emmanuel Macron est réélu, nous savons que nous abordons un moment compliqué. Puis il perd la majorité absolue aux législatives. La séquence s'annonce encore plus compliquée que prévu.

Élisabeth Borne devient alors Première ministre. Des réunions sont organisées. J'y participe avec Laurent et Frédéric Sève (qui s'occupait des retraites pour la CFDT, jusqu'à sa mort brutale en juillet 2022). Nous comprenons que nous allons vers le bras de fer. Le pouvoir veut aller vite. Les discussions n'en sont pas vraiment. Eux disent : « De toute façon, on va faire les 65 ans. » Nous répondons d'emblée : « Les 65 ans, c'est le plus mauvais choix. On est prêts à parler de tout. Et il faut parler emploi des séniors et pénibilité, solidarité et équité du régime, et enfin équilibre financier des régimes. » En vain ! Face à leur intransigeance prévisible, nous nous étions déjà organisés. Avec tous les syndicats. Dès juillet 2022, l'intersyndicale se forme et travaille ensemble. C'est moi qui suis en charge des opérations pour la CFDT. Je participe à toutes les réunions. Je m'occupe des relations intersyndicales depuis juin 2018. Nous sommes tous extrêmement lucides, une tempête se prépare sur les retraites. Nous apprenons à nous connaître. L'intersyndicale, c'est aussi une histoire d'hommes et de femmes. Les numéros un ne sont pas dans l'intersyndicale. À la CGT, c'est Catherine Perret, pour FO, Patricia Drevon, Dominique

Corona pour l'UNSA, Simon Duteil et Murielle Guilbert, le binôme de codélégués, pour Solidaires, Pascale Coton pour la CFTC, Gérard Mardiné pour la CFE-CGC et Benoît Teste pour la FSU. Les syndicats étudiants sont aussi présents, notamment avec Étienne Matignon et Maëlle Nizan pour la FAGE et Imane Ouelhadj pour l'UNEF. Une bande se forme. L'intersyndicale se construit, pendant que le pouvoir reste inflexible. Il n'y a pas d'espace de discussion. Cela se jouera dans la rue. Le gouvernement annonce que les Français devront partir à la retraite à 64 ans (et non plus 65 ans). Comme si « moins pire », c'était « mieux ». Soixante-quatre ans, c'est non ! Le slogan est tout trouvé contre cette réforme injuste.

Si je reviens longuement sur cette réforme des retraites, c'est parce que, au moment où j'écris ces lignes, l'injustice des 64 ans demeure. La blessure démocratique aussi. Je ne vais pas refaire l'histoire de ce mouvement social incroyable, qui démarre le 19 janvier dans de si nombreux villages et villes de France, de cette mobilisation de millions de gens pendant des mois. Je vais simplement essayer d'en tirer quelques leçons. Dès les premières journées de mobilisation apparaît la singularité de ce mouvement. On comprend qu'il va compter. Jamais autant de villes n'ont organisé de manifestations. Et partout les cortèges CFDT sont massifs. Il y a du monde, du monde derrière les banderoles ou les camions de la CFDT. Beaucoup manifestent pour la première fois de leur vie, soit qu'ils veuillent défendre leurs droits, soit qu'ils affichent leur solidarité. Ce qui me frappe a contrario, c'est le « silence radio » des ministères et de Matignon. Zéro contact. Zéro ! Je n'ai jamais connu une telle situation. Ils doivent se dire : « Ça va se tasser. » Ils sont en dehors de la réalité. Je discute avec des collègues syndicalistes européens qui me demandent : « Alors, qu'est-ce qu'ils vous disent quand vous les rencontrez ? » Mais on ne les rencontre pas. Ce silence sidère tout le monde. Et nous ne voulons pas rester dans ce blocage. On essaie de trouver des voies de passage. Laurent propose une médiation, une pause. Le pouvoir répond à peine. Il joue le pourrissement.

L'autre leçon que je tire de ces mois incandescents, c'est la manière dont ils ont ciblé la CFDT en général, et Laurent en particulier. Pour beaucoup, Laurent restera la figure de ce mouvement. Il est mis en avant parce que nous sommes la première organisation et qu'il est notre secrétaire général. Il prend cette place en bonne intelligence avec Philippe [1], un binôme en confiance. Mais le pouvoir et le Président vont cibler Laurent. C'est difficile – surtout pour lui –, parce que les attaques sont méprisables. C'est le pire de la politique. Ils

1. Philippe Martinez, secrétaire général de la CGT.

veulent décrédibiliser l'homme. Et ils ne comprennent décidément rien au collectif. Laurent, c'est la CFDT. S'en prendre à lui, c'est s'en prendre à nous toutes et tous. Ils pensent pouvoir décrédibiliser l'organisation en s'en prenant à son secrétaire général. Leur stratégie est d'isoler le bonhomme, de le clouer au pilori. Cela a l'effet inverse. Ça nous soude. Derrière lui… et contre eux. Les organisations syndicales, les organisations collectives tout simplement, ne font vraiment pas partie de leur culture. Je vous livre une anecdote pour illustrer la manière dont ils ont tout concentré sur Laurent. Pour préparer la grande journée du 7 mars, celle qu'on a appelée « la France à l'arrêt », je participe à Saint-Étienne à un meeting intersyndical, avec notamment Philippe Martinez et le secrétaire général de FO, Frédéric Souillot. Il y a une ambiance folle, plusieurs milliers de personnes sont là. Je finis en lançant : « Le 7 mars, on va casser la baraque. » Un média le reprend. Je reçois ensuite un texto d'un journaliste du *Monde* : « Vous avez dit "casser la baraque", qu'est-ce que ça veut dire ? » « C'est une expression, on va se mobiliser. » Rien de plus. L'affaire est close avant d'avoir commencé. Dans une interview au *Parisien*, avant le 1er mai, Laurent utilise cette même expression. Toute la macronie lui tombe dessus : « Quel irresponsable, il appelle à la violence… » Contresens, contretemps, contre-productif. Attaquer Laurent, c'était la pire des stratégies.

Ce fut pourtant celle du pouvoir et du Président. Une erreur de plus. Car ils les ont accumulées. Après les Gilets jaunes et les manifestations agricoles, cette mobilisation massive, ordonnée, concertée, contrôlée par les syndicats fut un modèle. Quatorze journées de manifestations dans le plus grand calme, sans violence. Je suis viscéralement opposée à toute forme de violence. Le pouvoir a reculé face à des mouvements violents. Mais il n'a pas cédé face à un mouvement non violent et unitaire. Là est la blessure démocratique.

Enfin, je ne peux oublier que cette réforme, qui touche des millions de Français, n'a jamais été adoptée par un vote. La faire passer par l'article 49.3 fut un coup dur et une immense déception. Nous pensions gagner le vote, nous avions grignoté la forteresse, nous l'avions fragilisée, nous avions avec nous l'opinion et le cœur des Français… mais nous n'avons pas remporté la bataille. Le 49.3 est incontestablement un instrument constitutionnel. Mais son utilisation dans ce contexte précis est discutable. Les syndicats ont été malmenés, le Parlement n'a pas pu voter. Tous les ingrédients d'une crise démocratique étaient sous nos yeux. Ce mouvement social historique restera un moment très particulier dans l'histoire de la CFDT. Il demeurera le cas d'école parfait d'une conception verticale de l'exercice du pouvoir, de sa méconnaissance et de son ignorance des organisations collectives.

Ce mouvement a pourtant montré notre valeur, notre modernité, notre proximité avec le monde du travail. Et notre capacité à travailler ensemble. Autant de leçons utiles pour la suite.

Pendant tous ces mois, j'étais aux côtés de Laurent. J'étais sa numéro deux. Mais pas seulement. Je savais qu'il allait partir et que j'allais lui succéder. Un apprentissage en accéléré en quelque sorte. Dans l'ombre. Car son départ et mon arrivée étaient restés secrets. Cela faisait des mois que l'idée était là. C'est dans le cadre de la préparation du congrès de Lyon en 2022 que Laurent a commencé à préparer le terrain. J'étais secrétaire générale adjointe et je lui ai demandé de me dire s'il voulait que je libère la place ou que je continue un peu plus longtemps. Je réfléchissais à l'avenir pour moi. Il a éclaté de rire et m'a confié que son plan était que je prenne la relève ! « Ce n'est pas une proposition qui se refuse. » Qui se réfléchit, quand même. C'est un choix qui se discute en famille. Si j'acceptais, ma vie allait changer. Nous sommes une organisation collective mais, cependant, être secrétaire générale est un rôle particulier et unique. C'est devenir « la patronne » comme aiment m'appeler les militants proches. C'est aussi devenir la responsable des collectifs politiques en interne, changer de rôle et de rapport avec les responsables de la commission exécutive, les responsables de service, les 300 personnes de la confédération. Il me faudrait trouver mon style en termes d'animation de collectif. Bref, je ne pouvais pas faire ce choix sans me poser. Comment arriverais-je à garder du temps pour ma famille ? Mes enfants étaient encore jeunes. Je me posais des questions sur le rythme, sur l'énergie nécessaire de 6 heures du matin à 22 heures tous les jours et souvent le week-end. J'en ai discuté avec mon compagnon et mes enfants. Mon choix allait aussi les impacter. Les attaques subies par Laurent ne m'ont pas fait hésiter, car je savais qu'il y avait une organisation très solide derrière. Une organisation qui porte et soutient. Je n'ai pas été en première ligne sur ce type d'attaques mais il faudrait faire avec, parce que ça viendrait un jour. J'y étais prête.

Numéro une

J'ai gardé la photo dans mon téléphone. Elle symbolise cette bascule, ce moment où ma vie a complètement changé, où je suis devenue secrétaire générale de la CFDT. C'était le jour de l'été, celui de la fête de la musique aussi. Mais pour moi, ce 21 juin 2023 a une autre couleur. L'après-midi s'annonçait, je venais d'être élue par le Bureau national. Dans une salle à part, loin de la foule du Zénith. C'était assez solennel. J'avais dit quelques mots : mon honneur et ma fierté. Ma volonté de m'inscrire dans l'histoire d'une CFDT bien dans son époque, prête à faire face à des défis colossaux. J'insistai sur mon attachement à faire de la CFDT une organisation toujours plus démocratique, aux débats internes de qualité. Et puis je suis sortie pour rejoindre la grande salle et… ce fut le mur de presse. C'est ça qui m'a marquée. Je ne sais pas combien de journalistes il y avait, mais c'était impressionnant. J'ai sorti mon téléphone et immortalisé ce moment. Ça y était. Je m'y collais.

C'était moi. J'étais en première ligne. Je m'étais préparée mais c'est face aux caméras, aux micros, aux stylos, que je l'ai ressenti. Physiquement.

Ce fut une journée particulière – ce n'est pas rien de diriger le premier syndicat de France. Elle a commencé comme un mariage. Par une séance photo. De tous les secrétaires nationaux. On se connaît tous, on se voit presque tous les jours. Mais là, c'était différent. On est tous bien habillés, on est maquillés. Une cérémonie, vous dis-je. C'était amusant, détendu. Je ne suis pas encore élue mais c'est la première fois que mes pairs me voient comme la secrétaire générale. Dans leurs yeux, déjà, j'ai changé. Mon compagnon et mes enfants avaient envie d'être là et j'avais besoin de leur présence au cours de cette journée spéciale. Un moment de transmission, de passage de témoin entre Laurent et moi, mais pas seulement. Cette réunion de la famille CFDT, au sens large, avait lieu au lendemain d'un grand mouvement social. Pour en tirer les leçons, avec nos militants, c'est Pierre Rosanvallon [1] qui a pris la parole pour analyser la singularité (sociologique, géographique) et la force de ce mouvement, pour saluer le retour des syndicats en général, et de la CFDT en particulier. Une figure marquante, un compagnon de route si

---

1. Historien et sociologue de la démocratie et du fait politique, ancien directeur des études de la CFDT.

précieux qui nous aide à penser la période et la démocratie.

Ce fut un moment d'émotion aussi. L'annonce de mon élection devant une salle debout. Mon premier discours de secrétaire générale. Un appel aux transformations en matière d'écologie, de travail, d'inégalités, de démocratie, avec cette anaphore : « Ici et maintenant. Nous y sommes. » Le dernier discours de celui qui nous a dirigés pendant onze ans. La salle debout. L'au revoir de Laurent, mon ami. Un grand syndicaliste, proche des gens et convaincu, comme moi, que l'important est de changer concrètement la vie. Transformer le réel, voilà le vrai progrès. On a traversé beaucoup de moments ensemble. De bons moments et d'autres plus tragiques (je pense notamment au décès de Frédéric Sève). Je sais que je peux compter sur lui. C'est important. Car, à la CFDT, nous sommes tous de passage. Chez nous, ces transitions sont heureusement non conflictuelles et se font en douceur. Le vrai combat est à l'extérieur.

Je rejoins le club des secrétaires généraux. Ils sont venus au Zénith, je les embrasse. Je connaissais déjà Nicole Notat et Jean Kaspar. Nicole, qui a été notre secrétaire générale pendant dix ans (de 1992 à 2002), m'envoie un message touchant à la fin de cette journée : « J'ai quitté le Zénith après ton intervention structurée et posant sur des points sensibles des lignes claires. Bien sûr, la vie syndicale se charge de mettre à l'épreuve les meilleures idées. Elles constituent néanmoins des références précieuses dans l'action. Je te souhaite, ainsi qu'à toute l'équipe, plein succès. » Cela m'a beaucoup touchée. Je la vois de temps en temps autour d'un déjeuner. Elle a été la première femme à diriger une organisation syndicale (de salariés ou patronale). Nous en parlons, mais ce n'est pas le cœur de nos discussions. Elle partage aussi ce qu'elle a vécu, la dureté de l'organisation, d'une part, et les difficultés que provoquent parfois des positions courageuses, notamment en 1995, lors de la réforme de la Sécurité sociale et des régimes spéciaux de retraite, d'autre part. Nous échangeons également sur le contexte global, politique, la complexité à trouver des voies de passage. Elle m'interroge sur la CFDT, nos projets. Elle est très à l'écoute.

Jean, lui, a dirigé la confédération de 1988 à 1992. Je retiens de nos échanges son attachement à notre syndicat comme puissante structure d'éducation populaire. Son admiration et sa reconnaissance pour notre organisation me touchent profondément. Son parcours est exemplaire, admirable : il a commencé comme apprenti à 14 ans dans les mines de potasse. Il est venu témoigner aux 60 ans de la création de la CFDT en octobre dernier. Chaque fois qu'il revient parmi les siens, Jean est ému. Face aux militants, il a les larmes aux yeux. Son émotion est contagieuse, il diffuse presque physiquement son attachement à cette organisation qui a changé sa vie. C'était à la fois passionnant et poignant. La transmission est une valeur essentielle.

Me voilà donc à la tête du premier syndicat de France. Car il y en a plusieurs. C'est une longue histoire, une histoire de divisions que je vais vous résumer, car on me demande souvent pourquoi nous sommes si nombreux. Les principaux syndicats français ont des racines communes. Historiquement, la CGT (Confédération générale du travail) se crée au XIXe siècle, la CFTC (Confédération française des travailleurs chrétiens) au début du XXe. La CFTC se transforme en CFDT en 1964. C'est ce que l'on appelle la déconfessionnalisation : on ne veut plus que la croyance religieuse soit un critère d'appartenance syndicale. FO (Force ouvrière) se crée par scission de la CGT en 1948. La CFE-CGC (Confédération française de l'encadrement-Confédération générale des cadres) est une organisation catégorielle, elle n'organise que le personnel d'encadrement. Solidaires est une scission d'une petite partie de la CFDT en 1998. En résumé, les différences de convictions et de visions du syndicalisme ont abouti à la création de nouvelles organisations. Plutôt que d'avoir deux grandes organisations avec chacune des courants différents, plusieurs syndicats se sont constitués. Voilà pour l'histoire.

Venons-en au fond. La CGT comme la CFDT revendiquent un syndicalisme acteur et utile à la société en général, et pas seulement aux travailleurs. Ce qui fait que j'ai choisi la CFDT, c'est la place des syndiqués eux-mêmes, la question de l'émancipation. Jamais à la CFDT on ne m'a expliqué ce que je devais penser. Le cœur de l'action syndicale est d'agir pour plus de justice, de lutter contre les inégalités et de faire en sorte que chacun et chacune puisse faire ses propres choix, librement. Et pas seulement dans le monde du travail. La CFDT considère qu'un travailleur est aussi un citoyen au travail. Le syndicalisme CFDT, c'est se demander : « Le monde change. Comment fait-on en sorte de peser utilement sur ces changements ? Comment les travailleurs gardent-ils toujours la main ? » D'où nos slogans : « Des choix, des actes », « Agir pour ne pas subir ». J'ai eu des débats récemment avec des militants, par exemple sur l'intelligence artificielle. L'IA est un outil qui s'immisce petit à petit dans le quotidien de nombreux travailleurs. Elle intrigue autant qu'elle fascine. Elle inquiète autant qu'elle enthousiasme. L'approche diffère beaucoup en fonction du travail exercé, du niveau de qualification, du parcours professionnel au cours duquel la formation est régulière ou pas. Je me souviens que pour certains militants, comme les journalistes, les inquiétudes sont vives. Pour ceux de la banque assurance ayant déjà intégré des outils de réponse automatique à leur messagerie, le recul est plus grand, certains y voient une évolution positive de leur travail, avec un enrichissement de leurs tâches. D'autres encore, dans le secteur des services et du commerce par exemple, qui ont connu l'arrivée des caisses automatiques, se questionnent sur ce qui pourrait se passer. Quand on aborde ces discussions sans le prisme unique du danger, sans craindre les évolutions mais en se disant que l'on peut agir, c'est stimulant. Les transformations du passé (robotique, informatique, etc.) ont souvent menacé les personnes moins qualifiées et renforcé les cadres. Avec l'IA, les professions dites « intellectuelles » sont elles aussi questionnées. Cette nouvelle révolution bouscule toute la société, nos modèles sociaux et les libertés publiques. Penser, réfléchir, agir. Il y a une tradition à la CFDT de confrontation avec les intellectuels. C'est l'une de nos marques de fabrique. Ça n'est pas un hasard si nous avons le « D » de démocratie dans notre nom. Pour bien penser, il faut penser à plusieurs, penser contre soi-même. C'est ce que j'essaie toujours de faire.

Premier syndicat de France

J'étais à une soirée de débat sur le dialogue social en entreprise. Écouter, parler, écouter encore, répondre, c'est le lot des dirigeants syndicaux. Mais ce soir-là, j'avais un peu la tête ailleurs. On allait enfin savoir si la CFDT devenait le premier syndicat de France. Les résultats allaient être publiés le lendemain, le 31 mars 2017, une date que je n'oublierai jamais. Ce soir-là, la ministre du Travail, Myriam El Khomri, a téléphoné à Laurent pour les lui annoncer en avant-première. Laurent m'a appelée et m'a glissé : « On n'est pas passés loin, mais on n'est pas premiers. » Je l'ai cru. Car je le crois toujours. Je suis déçue. Mais je ne veux pas trop le montrer. Tout de suite, j'en tire les leçons, je positive : « On a progressé, c'est bien. Il faudra remotiver les équipes. » Il entend ma voix soucieuse puis éclate de rire : « Mais non enfin ! On est premiers ! » Quelle joie ! Enfin ! Cette première place, on l'a fêtée le lendemain matin en commission exécutive extraordinaire. Je nous revois encore avec nos verres au bureau, dans le quartier de Belleville, à 10 heures du matin. On avait bon espoir d'être le syndicat le plus représentatif, puisque c'est ainsi qu'il faut l'écrire. Ce classement, pour le dire simplement, est issu de l'agrégation des résultats des élections professionnelles dans le privé depuis quatre ans. Tout a changé en 2008, avec une réforme de la représentativité. Pour la première fois, on a cumulé toutes les voix de toutes les élections professionnelles dans le secteur privé. Ce sont des millions de scrutins. Début 2013, la Direction générale du travail a annoncé les résultats du cycle qui venait de se terminer (2009-2012). La CGT était première, mais nous n'étions pas loin. Les résultats du deuxième cycle (2013-2016) ont donc été annoncés ce 31 mars 2017. Nous étions le premier syndicat de France. Nous le sommes restés depuis.

Être la première organisation, c'est une reconnaissance, celle de notre syndicalisme et celle des efforts des militants. Cette victoire rend aux militants de terrain tout le mérite qu'ils ont à s'engager jour après jour. C'est une fierté pour eux… et pour notre syndicalisme. C'est historique au sens propre du terme car c'est la fin de cent ans d'« hégémonie » de la CGT. Le syndicat du XXIe siècle, c'est la CFDT. Mais cette première place ne fait pas tout. On ne balaie pas cent ans d'images et d'histoire du jour au lendemain. Cela met du temps à s'installer dans les têtes. Dans l'opinion publique, on a encore du boulot. Même dans les têtes des militants CFDT, il y a encore du chemin à faire, certains ont toujours du mal à se vivre comme première organisation. Dans les relations aux autres syndicats, être premier, c'est donner le « la ». La situation n'est pas la même partout, cela dépend des territoires, des rapports de forces locaux. En Bretagne, la CFDT fait 40 % par exemple. Par son histoire, son type de syndicalisme, la CGT a une aura. Pour beaucoup encore, le syndicaliste est celui qui fait des manifs. Mais non. Pas seulement. Même si on en a fait contre les 64 ans.

Depuis deux ans, je suis donc en première ligne. Pour les bons et les mauvais côtés. Je défends nos positions, je parle au nom de la CFDT, je porte nos idées dans l'opinion, auprès des patrons et des politiques. Je dois aussi répondre aux critiques. Car elles existent toujours. J'ai milité dans une fédération dont le champ professionnel regroupait les industries électriques et gazières (ex-EDF-GDF, en gros), où la CGT était très forte. J'ai ainsi grandi dans un syndicalisme qui s'est de tout temps frotté de façon plus ou moins rugueuse à des militants CGT. Dans la chimie, ce n'était pas beaucoup plus tendre en fait. Les critiques vis-à-vis de la CFDT, je les connais. Les accusations de trahison, les phrases toutes faites comme : « Quand on rétablira l'esclavage, la CFDT négociera la longueur des chaînes », j'ai l'habitude. Ceux qui continuent de tenir de tels propos manquent quand même sacrément d'originalité et de créativité. Les petites phrases assassines ne servent à rien à part nous décrédibiliser collectivement, et ça fait quarante ans qu'on entend ça ! La seule chose qui me touche dans ces critiques, c'est qu'elles peuvent heurter des militants qui, eux, vivent des situations difficiles dans les entreprises et les administrations. Nos décisions ont des conséquences pour eux. Quand nous devons donner notre avis sur un accord, nous tranchons politiquement en fonction de nos positions et de nos mandats, et nous cherchons aussi très vite comment soutenir et accompagner nos militants. Au fond, je me moque de ces critiques. C'est le vieux monde. C'est la vision plus qu'ancestrale des rapports sociaux. Le syndicalisme en noir et blanc, celui qui regarde constamment dans le rétroviseur. Pour moi, le meilleur baromètre, c'est le vote des salariés et des agents. Nous sommes reconnus comme étant le syndicat utile aux travailleurs, qui ne vend pas le grand soir mais qui obtient des avancées. C'est ce qui compte. Quand je parle de rapports rugueux, ça va parfois jusqu'à l'intimidation physique, les dégradations de véhicules, de locaux syndicaux, les tags sur les murs, les pneus crevés sur les parkings. Les vieux militants de la chimie ou d'EDF-GDF m'ont raconté leurs souvenirs. Je me rappelle aussi les drapeaux CFDT brûlés par d'autres organisations au moment de la retraite à points en 2019 ; ou les réunions publiques avec Laurent qu'il fallait plus sécuriser à la même époque. J'ai connu tout cela et cela ne m'impressionne pas. Ce que pensent les travailleurs et ce qu'ils votent, voilà ce qui me conforte dans le fait que notre ligne est la bonne.

Les rapports entre syndicats peuvent aussi être cordiaux, fraternels. L'intersyndicale retraite au niveau national était fluide. Nous étions capables de nous dire les choses, d'acter nos accords et nos désaccords, nous nous respections. Mais ce n'était quand même pas tout à fait la même histoire dans les territoires. J'en reparlais encore récemment avec Perrine, la responsable CFDT Hauts-de-France. Elle me disait que nous avions gagné en légitimité au fil des manifestations. Au début, dans de nombreuses villes, la CGT et FO s'accordaient pour toujours mettre la CFDT en queue de cortège. Petit à petit, comme nos cortèges étaient massifs, qu'il y avait plus d'orange que d'autres couleurs, la donne a changé. Mais c'était loin d'être facile partout. Ça fait partie d'une conception un peu préhistorique du syndicalisme, comme s'il y avait les bons et les mauvais. Non, il y a des conceptions différentes du syndicalisme. Nous pouvons tous avoir notre place, et de toute façon ce sont les salariés qui décident. La CGT signe 87 % des accords d'entreprise, quand la CFDT doit être à environ

95 %. Comme quoi, les clichés ont la vie dure. À partir du moment où nous sommes d'accord, je n'ai aucun problème à être unitaire. Mais j'ai un principe : je ne mens jamais aux salariés.

À l'heure où j'écris ces lignes, nous rentrons dans la discussion retraite et c'est 50-50. Nous avons une chance sur deux de réussir. Nous allons faire de notre mieux pour obtenir des avancées, mais je ne suis pas sûre que nous y parvenions. Parce que c'est compliqué. En 1995, Nicole a fait le choix d'assumer la ligne de la CFDT et de dire : « On est favorables à la réforme de la Sécurité sociale, ce n'est pas parce que la CGT y est opposée qu'on va faire comme elle. » Je crois que ce qui n'a pas été pardonné à Nicole, c'est d'avoir assumé un syndicalisme CFDT qui trace sa route, plutôt que de défendre à tout prix l'unité syndicale. L'unité, c'est un moyen, pas un objectif en soi. L'unité, c'était aussi un grand mythe. En 1995, Bernard Thibault était alors leader des cheminots de la CGT. Ses critiques ont été très virulentes contre Nicole. On lui a beaucoup reproché cette prise d'indépendance, plus que le fond de la réforme. Car qui peut m'expliquer aujourd'hui en quoi consistait la réforme de la Sécurité sociale en 1995 ? J'ai suivi de manière très lointaine ce mouvement social contre le plan Juppé, resté très présent dans l'imaginaire collectif. J'étais étudiante, loin de la sphère syndicale. J'étais en province et c'était vraiment différent de Paris. J'en retiens une grande confusion entre le sujet retraites et le sujet Sécurité sociale, car il y avait deux réformes. Pour la Sécurité sociale, le projet de réforme concernait la gouvernance et la clarification des rôles entre organisations syndicales, organisations patronales et État. Le Parlement s'est alors vu attribuer la mission de définir des priorités et des objectifs de financement. C'était la naissance de la loi annuelle de financement de la Sécurité sociale. Le plan Juppé contenait aussi un volet retraites : allongement de la durée de cotisation de 37,5 à 40 annuités dans la fonction publique et report de l'âge de départ des régimes spéciaux de la SNCF et de la RATP notamment. La CFDT était sur une position singulière, différente des autres : en phase avec la réforme de la Sécurité sociale et contre la réforme des retraites. Position pas toujours comprise. Nicole s'est fait violemment bousculer lors des manifestations – ce qui est inadmissible – parce que la CFDT soutenait la réforme de la Sécurité sociale. Je m'étais dit qu'elle avait du courage. Quand je suis arrivée en responsabilité politique à la CFDT en 2008, on ne parlait plus de 1995 mais on parlait encore bien sûr de Nicole. C'est une référence. Nicole, c'est la première dirigeante et c'est le courage. Des camarades de la fédération chimie énergie m'ont raconté les manifestations de 1995, quand il a fallu l'exfiltrer de la place de la République sous les huées et la détermination qui était la sienne. C'est alors que j'ai découvert la défense de l'organisation. Des collègues étaient avec elle dans ces cortèges. On dit souvent que la CFDT n'est pas une organisation militaire mais, dans ces moments-là, elle fait la démonstration qu'elle est sacrément organisée pour faire bloc. Cela m'impressionnait. Cela m'impressionne toujours.

La course des petits chevaux pour Matignon

Ce 9 juin 2024, j'étais devant ma télévision. À l'instar de millions de Français, j'étais allée voter. Comme à chaque fois. Je regardais les résultats des élections européennes. Le RN était largement en tête. Les sondages l'annonçaient ; c'était maintenant la réalité. Scrutin après scrutin, l'extrême droite se rapproche du pouvoir. Les politiques s'invectivent sur les plateaux télévisés. Et soudain, un peu après 21 heures, Emmanuel Macron prend la parole. J'entends la phrase : « En vertu de l'article 23, je dissous l'Assemblée nationale. » Stupeur et panique. Cette dissolution est très dangereuse. Dans trois semaines, le RN peut gouverner, Jordan Bardella devenir Premier ministre. Immédiatement, nous décidons d'arrêter toutes nos activités, de nous concentrer sur la lutte contre les idées d'extrême droite et de nous mobiliser pour appeler à voter. Le patron du PS, Olivier Faure, m'envoie un texto : « On fait une manif ? » Rien de plus. Le lendemain soir, je retrouve les « numéros un » des autres syndicats au siège de la CGT, à Montreuil. La situation est grave. Je pense qu'il faut s'engager. Certains syndicats ne veulent pas, ils souhaitent rester loin de la politique. Mais avec la CGT, l'UNSA, la FSU et Solidaires nous décidons d'écrire un texte commun, pointant la dangerosité des idées d'extrême droite. Pendant la réunion, mon téléphone vibre sans cesse. Je reçois des textos : « Glucksmann vient de donner le nom de Laurent Berger pour Matignon ! » C'est ainsi que je l'apprends et j'appelle immédiatement Laurent. Il me dit qu'il n'était pas au courant et qu'il va répondre. Je gère l'incendie, surtout auprès des journalistes. Laurent a souvent été interrogé à ce sujet et a toujours décliné, comme d'autres secrétaires généraux de la CFDT sollicités pour basculer en politique par le passé, qui ont systématiquement refusé. La réunion se poursuit. Les organisations qui souhaitent rester « indépendantes » se retirent et nous continuons de travailler. Nous décidons d'une manifestation le 15 juin. Appeler à voter pour un parti, ce n'est pas le sujet. La campagne ne dure que trois semaines. Il faut se mobiliser.

Ces nuits-là, pour la première fois de ma vie, je dors mal. Et si l'extrême droite gouvernait la France ? Que faire ? Diriger la CFDT, qui a toujours combattu l'extrême droite, avec un Premier ministre de ce bord, ça veut dire quoi ? Ces questions tournent dans ma tête. Le vote n'a pas encore eu lieu. Il est toujours temps d'agir.

À la CFDT, appeler à voter contre l'extrême droite est une évidence. Mais sans soutenir un parti ou une coalition en particulier. Nous laissons nos adhérents ou ceux qui nous écoutent libres de leurs choix. Tandis que la coalition de gauche, le NFP (Nouveau Front populaire), se constitue, il y a un court moment de confusion car on parle aussi de faire venir la société civile, comme lors du Front populaire en 1936. Mais cela ne nous fait pas bouger. Les socialistes, les écologistes et les communistes m'appellent. Pas les insoumis. Ils ne cherchent pas à ce que des responsables de la CFDT se présentent aux élections, mais ils m'exhortent : « Faisons un programme commun et soutenez-nous. » La CFDT reste fidèle à ce qu'elle a toujours été : un syndicat qui travaillera avec toutes les forces politiques, sauf l'extrême droite. Nous restons à notre juste place. Sophie Binet me prévient par courtoisie que la CGT va certainement appeler à voter pour le NFP. Cela ne me fait pas changer d'avis. Je mène tous les débats possibles avec les militants : « Pourquoi on s'engage dans cette période ? Est-ce notre rôle ? Fait-on de la politique ? » Les mêmes questions reviennent. Je décide alors de prendre la plume avant le premier tour et d'écrire à nos 635 000 adhérents, ce qui ne se fait que rarement. Comme nous n'avons pas toutes les adresses mail, ce sont 550 000 courriers électroniques qui partent. « Fidèle à son histoire [...] la CFDT ne donne pas de consigne de vote. [...] Fidèle à son histoire [...] la CFDT appelle à faire barrage à l'extrême droite. [...] Les valeurs que nous défendons sont à l'opposé du rejet de l'autre porté par l'extrême droite [...]. Chacune de nos voix a de l'importance. Allons toutes et tous voter les 30 juin et 7 juillet prochains. » Un millier de personnes nous répondent : la moitié pour nous féliciter, l'autre pour marquer leur désaccord. Pour ces derniers, cet appel au barrage est une prise de position politique, ce n'est pas le rôle d'un syndicat. Ils disent qu'ils sont furieux, qu'ils vont rendre leurs cartes. Finalement, nous gagnons autant d'adhérents que nous en perdons. Je demande que chaque adhérent mécontent reçoive une réponse. Tous ceux qui répondent à ce second mail sont unanimes : ils ne pensaient pas que nous poursuivrions le dialogue avec eux ! Cette considération les fait réfléchir.

Le soir du premier tour, je suis inquiète. La victoire de l'extrême droite est possible. C'est la première fois. Cela changerait tout, y compris la vie d'une organisation syndicale. Le soir du second tour, je suis soulagée, même si le paysage qui sort des urnes traduit bien la crise démocratique annoncée. J'ai vraiment eu peur, car pendant toute la campagne revenait chez les militants, les adhérents, les salariés, les agents, cette même phrase : « On en a ras le bol qu'on nous dise comment voter et surtout qu'on nous dise de voter contre. »

Le RN ne gouvernera pas. Le front républicain a fonctionné. Mais l'Assemblée est fragmentée, divisée en trois blocs. Le pays est-il mûr pour des compromis ? Les partis vont-ils être à la hauteur ? La réponse arrive très vite : la course des petits chevaux pour Matignon est lancée. Elle ne me passionne pas mais certains politiques me consultent, ou plutôt m'informent. Les différents responsables politiques du NFP me téléphonent régulièrement pour me dire où ils en sont, car se joue en coulisse la bataille du prétendant au poste de Premier ministre. Ils ne m'impliquent pas dans le choix, ils ne testent pas de nom auprès de moi, mais ils me tiennent informée. Je découvre le nom de Lucie Castets dans la presse, je ne la connaissais pas. Elle m'appelle rapidement, se présente et m'explique comment elle travaillerait avec les syndicats si elle était nommée Première ministre. À sa demande, j'organise un temps d'échanges avec les organisations syndicales.

Si quelques candidats de ce qui reste du bloc présidentiel discutaient avec moi pendant les élections, depuis, silence radio. Ils n'étaient intéressés que par la perspective d'un coup de pouce local. Après le second tour, je n'ai plus de contact. Fin août, Laurent est sollicité par Emmanuel Macron pour être Premier ministre. Il m'en parle tout de suite après le rendez-vous et me dit qu'il a décliné la proposition. Il tient à m'informer avant que je ne l'apprenne dans la presse. L'Élysée l'a rappelé deux jours plus tard et Laurent a confirmé son refus.

À la fin des vacances d'été, les Français sont tombés sous le charme de Léon Marchand mais la France n'a toujours pas de Premier ministre. Lors du duel au sommet, Xavier Bertrand contre Bernard Cazeneuve, j'ai les deux ou leur entourage au téléphone. Ils veulent connaître le point de vue de la CFDT, comment la période est vécue par les salariés. Ils prennent le pouls d'un syndicat en phase avec les travailleurs. J'ai aussi Thierry Beaudet au téléphone, quand son nom sort pour Matignon. On a toujours très bien travaillé avec lui. Il était, au nom de la mutualité française, l'un des leaders du Pacte du pouvoir de vivre, cette alliance d'organisations sociales et écologiques fondée notamment par la CFDT. Il préside aujourd'hui le Conseil économique, social et environnemental. Je lui dis que notre état d'esprit, c'est qu'il réussisse, que nous ferons tout pour que ce soit gagnant. Le lendemain matin, la presse est très critique contre lui. Quelques heures plus tard, il m'envoie un message : « J'ai été débranché. » La politique est un monde violent. Le NFP est arrivé en tête des élections, très loin de la majorité absolue mais en tête. Le Président refuse pourtant de nommer sa candidate à Matignon et de lui laisser l'occasion de rassembler (ou non) une majorité derrière son projet. Je me rappelle avoir discuté de la nomination de Lucie Castets avec un haut fonctionnaire en poste à l'Élysée : « Si c'est pour qu'elle échoue, on va gagner du temps en ne la nommant pas », m'avait-il dit. Une vision purement technocratique, à rebours de la tradition démocratique. Ils ont laissé définitivement en suspens cette hypothèse : « Que se serait-il passé si elle avait été nommée Première ministre ? » L'enquête du Cevipof pour *Le Monde* parue en février dernier est éloquente : seuls 26 % des Français ont encore confiance dans la politique. Plus que la dissolution, ce qui révolte, c'est qu'un Président se soit assis sur les résultats de deux élections. C'est une première depuis le référendum sur la Constitution européenne en 2005. Cela m'inquiète. La crise démocratique s'enkyste. Elle est profonde.

Finalement, le 5 septembre 2024, c'est le nom de Michel Barnier qui sort du chapeau. On a très vite rendez-vous avec son directeur de cabinet. C'est l'occasion de créer des liens avec son équipe, de prendre le pouls, de mesurer l'état d'esprit, le niveau de difficultés anticipées, les priorités. Une réunion importante pour préparer le rendez-vous qui suit avec le Premier ministre, car il peut répondre à nos questions. Je rencontre Michel Barnier le 24 septembre, avec Yvan Ricordeau et Isabelle Mercier, la responsable du dossier travail. Il semble véritablement à l'écoute. Il connaît tous les sujets que nous voulions aborder. Il apporte des réponses, certaines nous conviennent, d'autres pas. Il n'est pas langue de bois ni démagogue, à promettre qu'il va faire des miracles. Il est très lucide sur la complexité de la situation, la dangerosité du moment. Je commence par l'immigration, expliquant que cela ne peut pas être la priorité. Nous mesurons nos désaccords. Nous lui détaillons ensuite notre vision de la réforme des retraites et toute notre version de l'histoire, comment nous avons demandé, en vain, une concertation. Il est stupéfait de la manière dont cela s'est passé. Il nous dresse les grands axes de sa déclaration de politique générale. Nous discutons de l'assurance chômage. J'ai proposé une négociation « flash ». Il s'engage à nous donner la main – ce qui sera fait –, il veut laisser une place au dialogue social.

Je ne l'ai plus revu depuis. Pendant trois mois, il a formé un bon binôme avec la ministre du Travail, Astrid Panosyan-Bouvet. Je la connais. Elle veut comprendre les sujets, elle a des convictions et fait ce qu'elle dit. C'est l'une des rares à avoir suivi les travaux des Assises du travail en 2023. Elle est convaincue que les questions de santé au travail, de conditions de travail sont essentielles. Pendant les trois mois à Matignon de Michel Barnier, plusieurs accords sociaux sont signés. Celui sur l'assurance chômage en novembre 2024. Un accord sur les accidents de travail, qui permet d'améliorer l'indemnisation des salariés en incapacité et en invalidité. Ce sont de gros changements au quotidien pour les personnes concernées : montant des indemnités augmenté, meilleure prise en charge. Nous avons plaidé pour baisser les seuils d'invalidité et obtenu que cet accord soit transposé dans le budget de la Sécurité sociale. C'est l'une des victoires de ces quelques mois que Michel Barnier a passés à Matignon.

Trois petits mois et puis s'en va. Je ne pensais pas que Michel Barnier serait censuré si vite. Mais le budget qu'il présentait était injuste. Il a été élaboré dans des conditions complètement inédites. Aucun autre gouvernement ne s'était risqué à imposer 120 milliards d'économie en trois ans, dans des délais aussi courts, avec un déficit qui s'aggravait au fil des jours. La tâche n'était pas facile. Mais ce n'est pas la seule explication. Quel était le projet politique ? Quelle vision de la société sous-tendait ce budget ? Je ne l'ai pas compris. C'était plutôt la chasse aux grosses dépenses et la recherche d'un maximum de recettes – enfin pas toutes ! Je me suis élevée contre les suppressions de postes dans les fonctions publiques. Contre les renoncements présentés comme de court terme mais qui allaient compromettre à moyen et à long terme la transition écologique. C'était un budget profondément injuste, trop déséquilibré entre les efforts demandés aux salariés, aux citoyens et aux entreprises. Dans une période aussi compliquée ne ressortent que des vieilles recettes, des idées qu'on entend depuis vingt ans. Alors qu'il faut changer notre modèle économique, qu'on voit approcher le mur du défi écologique, il y en a toujours un qui lève la main : « Et si on mettait trois jours de carence aux fonctionnaires parce que s'ils s'arrêtent, c'est qu'ils sont des fainéants. » En 2018, le jour de carence des fonctionnaires a augmenté la durée des arrêts, cela a entraîné « zéro économie ». Une mesure qui n'a aucun sens. Ce qui continue de m'étonner, c'est cette incapacité du camp présidentiel à reconnaître l'échec de sa politique.

Les politiques en général, et ce pouvoir en particulier, n'aiment pas se remettre en question, et quand ils vont dans le mur, c'est en klaxonnant. La censure est votée, Michel Barnier s'en va. La France n'a plus de budget ni de gouvernement. J'espère toujours qu'un gouvernement se constituera sur la base d'un programme, et pas d'un casting, qui se mettra d'accord sur un projet avec le Parlement. Je ne suis pas sûre que notre société ait la maturité politique pour cela. Les conditions de la composition du prochain gouvernement seront essentielles.

La politique ressemble parfois à un théâtre. C'est donc un vendredi 13 que tout se dénoue. Le 13 décembre précisément. J'ai rendez-vous à midi avec Gabriel Attal, à l'Assemblée nationale. Le rendez-vous a été reporté moult fois puisqu'il a souhaité me rencontrer après sa réélection comme député. Il vient de prendre la tête de son parti, Renaissance. Il veut développer les travaux de réflexion, il souhaite savoir comment la CFDT travaille avec les partis. Nous sommes toujours là pour débattre, partager nos idées. Alors que nous discutons, Gabriel Attal m'informe qu'il garde son téléphone près de lui car, à tout instant, il peut être appelé. Le moment est très particulier. Le Premier ministre va être nommé. François Bayrou se trouve à l'Élysée depuis le début de la matinée. Tout le monde s'étonne qu'il ne soit pas encore sorti du bureau d'Emmanuel Macron. La rencontre semble s'éterniser. Décidément, ils doivent avoir beaucoup de choses à se dire. J'ajoute : « Je n'imagine pas que le Président ait fait venir François Bayrou pour lui dire qu'il ne le nommera pas. » Attal me coupe : « Mais si, c'était ce qui était prévu. Le faire venir pour lui dire qu'il ne sera pas Premier ministre. » Je suis stupéfaite. Son téléphone sonne. L'ancien Premier ministre sort de son bureau, revient et annonce : « Ce sera bien François Bayrou. » Puis, vers 12 h 25, une alerte du journal *Le Monde* annonce : « François Bayrou ne sera pas Premier ministre. » Nous nous regardons, interloqués. La situation devient ubuesque. Notre rendez-vous se termine, je sors du Palais Bourbon. François Bayrou est finalement nommé Premier ministre.

L'ancien maire de Pau fait partie de ces politiques qui ne m'ont jamais contactée depuis que je suis secrétaire générale de la CFDT. Maintenant qu'il est Premier ministre, cela va changer. À peine installé, il reçoit les partis politiques, sauf LFI et le RN. Il évoque avec eux le dossier des retraites. Il m'appelle ensuite et m'affirme qu'il croit dans les partenaires sociaux, dans le dialogue social. « Il faut que vous repreniez la main, tout sera sur la table. » Je précise : « Si vous nous redonnez la main, on jouera le jeu. Il faudra définir les règles, se fixer un cadre. » L'échange est assez court.

Je le rencontre le 7 janvier dans son bureau. Son directeur de cabinet adjoint se tient à ses côtés. Yvan Ricordeau, Jocelyne Cabanal, notre trésorière, et Isabelle Mercier m'accompagnent. La CFDT est la première organisation reçue. Le Premier ministre évoque la réforme des retraites. Pour lui, la question centrale est démocratique. « On rouvre le dossier, tout sera sur la table, y compris l'âge légal. Je veux une méthode différente. La discussion, la négociation, le compromis sont liés au fait que les acteurs se connaissent, passent du temps ensemble, dans un cadre bien précis. D'où le conclave. » Pour lui, c'est en tissant des relations de confiance qu'on se donne les moyens d'un accord. Les acteurs se connaissent bien en effet, même s'il n'y a jamais eu de négociations sur la réforme des retraites. C'est véritablement ce sujet qui intéresse François Bayrou ce jour-là. Nous lui parlons de l'urgence emploi, des plans sociaux, du pouvoir d'achat, du besoin de parler des fonctionnaires autrement que sous le seul prisme budgétaire. Lui jauge notre volonté de rentrer ou pas dans la négociation retraites. Il reçoit le Medef juste après nous. Va-t-on enfin revenir sur les 64 ans ? C'est notre espoir. Même si nous n'y sommes pas encore, en ces premiers jours de janvier.

Je rencontre le président du Medef deux jours plus tard. Nous échangeons sur nos visions de ce qu'il se passe dans les entreprises, ce que reçoivent nos capteurs respectifs. Nous avons signé fin décembre une déclaration commune demandant la stabilité. Panne d'investissement, incertitudes politiques et géopolitiques, l'économie tourne au ralenti. On le voit partout. Des inquiétudes sur l'emploi, des enchaînements de plans sociaux, le climat est vraiment anxiogène. Évidemment, nous discutons des retraites. La CFDT est beaucoup plus volontaire que le Medef, bien sûr. Les organisations patronales ont salué la réforme Borne de 2023. Se remettre autour de la table pour discuter d'une réforme qui leur va est compliqué.

Je poursuis ma tournée afin de mesurer si une voie est possible pour revenir sur cette injuste réforme des retraites. Je rencontre le ministre de l'Économie, Éric Lombard, et la ministre du Travail, Astrid Panosyan-Bouvet. Les politiques cherchent aussi à comprendre ce que va faire la CFDT. La gauche s'est engagée à abroger ou suspendre cette réforme. Elle cherche à faire plier le gouvernement.

François Bayrou m'appelle le 14 janvier pour me dire qu'il n'annoncera pas la suspension de la réforme dans son discours de politique générale, quelques heures plus tard, mais il raccourcit le délai des discussions à trois mois pour permettre la transposition d'un éventuel accord dans la loi avant le 1er octobre, au moment du passage de 62 ans et demi à 62 ans et 9 mois. Les 64 ans, la pénibilité, la retraite des femmes, voilà les trois sujets sur lesquels il faudra bouger. C'est la position de la CFDT. Je ne sais pas si nous y arriverons mais je sais que nous devons essayer. Nous le devons aux millions de travailleurs qui sont descendus dans la rue pendant des mois. Nous le devons à toutes celles et tous ceux qui ne tiendront pas jusqu'à 64 ans.

Je découvre la politique

Je ne citerai pas son nom. Pour ne pas personnaliser. Je venais d'arriver à la direction de la CFDT. C'était la première fois que je rencontrais un ministre. J'entamais cette réunion de travail avec un peu d'appréhension, beaucoup de curiosité… et une très haute idée de la fonction. Ce fut une déception. Face à nous, ce ministre ne connaissait que partiellement ses dossiers, parlait de tout autre chose que l'objet de notre rencontre, était nébuleux, imprécis… Pour moi, un ministre devait forcément être sérieux, investi, organisé, fin connaisseur des dossiers. Avant de devenir responsable confédérale à la CFDT, je n'avais jamais rencontré d'homme ou de femme politique. Je n'avais aucune connaissance des organisations de l'intérieur. Je n'avais jamais été adhérente ou militante politique, mais j'étais une citoyenne informée et intéressée par la vie politique. Dans mon imaginaire, à la tête de l'État, dans les ministères, il ne pouvait y avoir que des personnalités brillantes, engagées. Entrevoir l'envers du décor pouvait être à la fois impressionnant comme vraiment décevant. En réalité, c'est très hétérogène. Cela dépend des personnes, de leur manière de considérer ou non leurs interlocuteurs. Un syndicaliste peut être vu comme potentiellement utile à leurs objectifs ou comme un obstacle, un frein.

J'ai découvert la politique et le pouvoir à une période particulière pour la CFDT. J'ai pris assez vite conscience de notre place singulière durant le quinquennat de François Hollande. Il y avait une grande écoute, des responsables animés de convictions, curieux de comprendre nos propositions. François Hollande était attentionné, empathique. Manuel Valls plus réservé. Chacun son style, sa nature, son rôle. Mais nous pesions sur les décisions.

Un mois après le début de mon mandat, à l'été 2014, se tient une conférence sociale. Je vois la façon dont nous sommes écoutés. Je mesure le poids de la CFDT. C'est une opportunité pour obtenir des avancées réelles pour les travailleurs. C'est à l'issue de cette conférence sociale que nous obtenons du concret pour des jeunes en très grande difficulté (un accompagnement personnalisé et une allocation pour 50 000 jeunes de 18 à 25 ans dès 2015, avec un objectif doublé à l'horizon 2017).

Quels que soient les responsables politiques, je suis très soucieuse de l'indépendance syndicale.

C'est un principe essentiel à mes yeux. Le syndicalisme et la politique sont deux univers distincts, qui se nourrissent l'un de l'autre. Les plus anciens vous diront que cette question a déjà été tranchée, il y a fort longtemps. En 1906, le neuvième congrès de la CGT a adopté un texte resté dans l'histoire sous le nom de Charte d'Amiens. Il proclame, entre autres, l'indépendance des syndicats par rapport aux partis politiques et à l'État. Quand je m'engage à la CFDT, je n'ai jamais entendu parler de cette charte. On n'en parle pas. Le rapport entre syndicats et politique n'est pas un sujet. Je pratique le syndicalisme au cœur des entreprises, où la question politique ne se pose pas. Pour moi, les choses sont très claires : le syndicalisme et la politique sont deux modes d'action complémentaires, totalement distincts. Le recours aux politiques, c'est en cas de pépin ou de problème dans l'entreprise. C'est comme cela que ça fonctionne dans l'industrie. Dès que je milite, je me rends compte que le syndicalisme n'a pas besoin de la politique pour exister, pour obtenir des avancées. Négocier une convention collective dans une entreprise ou une branche professionnelle, c'est négocier pour des droits concrets. On discute avec les militants et les travailleurs de leurs besoins réels, le politique n'a absolument aucun rôle à jouer. Ce n'est qu'en arrivant à la confédération que cela change. Les pouvoirs publics (comme les patrons) deviennent mes interlocuteurs. Je discute avec les gouvernements des projets de réforme ou des affaires courantes. J'essaie de convaincre les politiques des sujets à traiter, je défends nos propositions. Qu'attend une syndicaliste d'un gouvernement ? Qu'il ne relègue pas les questions sociales au second plan. Qu'il appréhende toujours un sujet avec le souci des questions sociales et la conscience de l'impact de ses décisions. Évidemment, j'attends aussi une ouverture au dialogue. Un syndicaliste n'est pas seulement là pour dire s'il est d'accord ou pas en lisant la presse. Les organisations syndicales doivent être consultées, impliquées. Il est important qu'un gouvernement respecte la démocratie sociale. Pour beaucoup de nos dirigeants ces dernières années, les syndicalistes s'apparentent plus à des animaux exotiques qu'à des interlocuteurs sérieux. Ils méconnaissent profondément le syndicalisme, car leur parcours est souvent différent de la génération précédente d'élus. Respecter notre rôle et notre légitimité, c'est en quelque sorte partager le pouvoir. Une démocratie mature se reconnaît à cet équilibre. Partager le pouvoir, sans vassaliser les syndicats ni les instrumentaliser.

L'indépendance syndicale est aussi une affaire de générations. La CFDT a rejoint les Assises du socialisme en 1974, participant ainsi à la conquête du pouvoir par le PS. La CFDT a appelé à voter

Mitterrand. Cela fait partie de notre histoire. Mais ce n'est plus du tout notre réalité. Quand j'arrive au niveau national, l'indépendance structurelle est évidente. La proximité idéologique et le soutien réciproque, c'est fini depuis les années 1980. J'avais 10 ans ! Cela ne correspond pas du tout à mon vécu de militante. Cette histoire est derrière la CFDT, elle fait partie de notre passé. Un passé qui m'intéresse. Je cherche à mieux comprendre le parcours de militants que je connais et qui ont eu, ou ont toujours, une carte dans un parti politique. Souvent ils ont conçu l'engagement syndical et l'engagement politique comme complémentaires. Je veux comprendre pourquoi la CFDT a pris parti, a appelé à voter, pour François Mitterrand par exemple. Des militants CFDT se sont aussi engagés en politique, au Parti socialiste en particulier. Ils sont entrés dans des cabinets ministériels, ont été élus, sont devenus ministres. C'étaient des grandes figures, ainsi de Jeannette Laot ou Jacques Chérèque. J'ai besoin de comprendre cette époque et les choix d'alors pour faire évoluer la CFDT aujourd'hui. Cette évolution est une très bonne chose. La proximité avec les politiques était mortifère pour le syndicalisme, comme si la tête était le parti et les jambes les syndicalistes. On ne pouvait pas continuer sur cette répartition des rôles et des missions. Ce sont peut-être les partis politiques qui ont le plus perdu dans ce décrochage, en étant coupés du contact direct avec le monde du travail.

Dans notre organisation, le texte de référence sur ces questions est le rapport Moreau. En interne, tout le monde connaît ce rapport, adopté en 1979, comme celui du « recentrage de la CFDT », de l'indépendance à l'égard des politiques. C'est une réflexion sur ce qu'est le syndicalisme de transformation sociale. Plutôt que de se demander : « Quel est notre rapport aux partis ? », la question est : « Quelle est la raison d'être du syndicalisme CFDT ? » Il est essentiel de se la poser. Car, en France, le syndicalisme s'est beaucoup construit par son rapport au champ politique. La CGT historiquement avec le PCF, la CFTC avec une organisation des travailleurs chrétiens. Une des grandes étapes, je l'ai rappelé, fut la déconfessionnalisation en 1964. La croyance religieuse ne devait plus être un critère d'organisation des travailleurs. C'est ce qui amène aux premières réflexions, à la fin des années 1970, sur ce qu'est la CFDT. La question centrale est : « Qu'est-ce que notre syndicalisme pense pouvoir faire en propre ? » Ce texte fait tomber le dogme d'un syndicalisme qui aurait nécessairement besoin d'un débouché politique. L'amélioration de la vie des travailleurs ne viendra pas seulement d'une victoire électorale. Elle viendra d'avancées syndicales. Penser ainsi change radicalement notre relation aux formations politiques. Cela pose la question de la nature d'un syndicat, de son rapport au politique et de son rapport aux autres organisations syndicales.

Les militants syndicaux ne sont pas simplement là pour distribuer des tracts, coller des affiches, organiser des manifestations pour les politiques. Je revendique, pour les syndicalistes, le pouvoir de réfléchir. C'est la marque de fabrique de la CFDT. Je ne dis pas que les autres syndicats ne le font pas. Il est insupportable que des formations politiques estiment que notre rôle est uniquement de mettre en mouvement les masses. Nous n'existons pas seulement par le nombre de nos adhérents. Nous construisons et défendons des idées, mais nous ne défendons pas un candidat ou un parti politique en particulier. J'appelle les gens à voter, car j'ai trop de camarades qui militent dans des pays où il n'y a pas de droit de vote ou un pseudo-droit de vote. Il est important de faire vivre la démocratie et donc le droit de vote. Vu l'ampleur de la crise démocratique, il y a sûrement des adhérents qui s'abstiennent. Mais voter, appeler à voter est une constante à la CFDT. C'est l'une de nos particularités. Nous sommes des acteurs de la démocratie, syndicale, sociale. Nous l'assumons. Nous sommes aussi attachés à faire vivre la démocratie en interne. C'est l'une de nos valeurs cardinales.

Je l'affirme clairement : la CFDT ne soutiendra pas un candidat ou une candidate. Le faire serait un terrible retour en arrière. Cette conquête de l'indépendance politique a été longue. Elle est précieuse. Après la dissolution, en Bureau national, prenant position contre l'extrême droite pour les législatives, quelques responsables ont demandé si, en raison de la gravité du moment, il ne fallait pas revoir notre position et appeler à voter pour une formation politique. La situation était grave, exceptionnelle même, croyait-on. Mais il fallait peser le coût et le temps mis par l'organisation à conquérir son indépendance, ainsi que les risques d'un recul. Il a fallu attendre 1988 pour que la CFDT ne soutienne plus de candidats. Pour moi, revenir sur cette indépendance, c'était affaiblir la CFDT. Il en était donc hors de question. Cela m'a valu des échanges fleuris avec des responsables politiques qui m'ont reproché de manquer de courage. Ce n'était pas une question de courage ni de confort, bien au contraire. C'était très clair dans ma tête : il s'agissait de rester fidèles à la ligne de la CFDT, « ni instrumentalisation ni subordination ». Nous pouvions trouver notre place, faire notre travail, être utiles dans la période sans appeler à voter pour une formation politique. Nous ne nous sommes pas cachés, nous ne sommes pas restés chez nous pendant un mois. Nous avons agi, nous nous sommes battus contre l'extrême droite.

La situation était grave. Mais fallait-il réfléchir comme il y a quarante ans ? Certainement pas. Nous avons embarqué les équipes pour inciter à voter pour un projet fidèle à ce que nous portons. Nous avons laissé les gens voter NFP, Renaissance ou LR. Je ne suis pas directrice de conscience des travailleurs. Dans l'isoloir, chacun est seul avec ses valeurs. C'était le bon choix. Celui de la proximité et de l'action, pas des grandes déclarations. J'y reviendrai longuement car c'est un combat essentiel et identitaire pour la CFDT, mais le RN n'est pas un parti comme les autres. Malgré son travail de dédiabolisation, c'est un parti d'extrême droite. Son projet est antinomique de celui de notre organisation. C'est pourquoi nous appelons et appellerons toujours à voter contre l'extrême droite.

Chaque semaine, je vais à la rencontre des équipes de la CFDT, je vais discuter avec des travailleurs et des demandeurs d'emploi. Cela me porte et m'aide à réfléchir. Dernièrement, des militants de Thalès m'ont demandé si la CFDT faisait de la politique. C'est une question qu'il est sain de se poser régulièrement. Oui, nous faisons de la politique au sens où nous revendiquons un syndicalisme qui contribue à l'intérêt général. Nous avons un projet de société. Nous avons une vision de ce que devrait être l'organisation de la vie de la cité. Mais la CFDT n'aura pas de candidat. Le Pacte du pouvoir de vivre n'aura, lui non plus, jamais de candidat. Il faut repenser les relations aux organisations politiques, sortir de la subordination, de la courroie de transmission. En finir avec la vision passéiste d'un syndicalisme qui ne pense pas, qui ne construit pas, qui ne propose pas, qui est là uniquement pour organiser des manifestations. La CFDT porte sûrement une part de responsabilité. Je ne dis pas que nous avons tout compris. Mais les partis doivent accepter que nous puissions réfléchir, penser la société et pas seulement sur le lieu de travail. Ils ne doivent pas adhérer à tout ce que nous disons mais ils doivent admettre que nos idées participent au débat public, soient aussi utiles que possible à la discussion démocratique. De notre côté, nous devons accepter qu'ils ne reprennent pas ce que nous proposons à la virgule près.

La spécificité des partis politiques, ce sont les élections. Ils en ont le monopole. Je le reconnais. Quelle est la spécificité des syndicats ? Pas les manifestations. On l'a vu avec les mouvements de jeunesse sur le climat par exemple. Je ne dénie absolument pas le droit aux partis d'organiser des manifestations. Mais lorsqu'il s'agit de sujets sociaux, ils ne peuvent pas être coorganisateurs. Garder nos distances est essentiel. S'associer à une formation politique, c'est passer de la défense d'une cause à celle d'un camp. Ce n'est pas le rôle du syndicalisme. Pour éviter une polémique inutile, je précise que je ne vise personne en particulier. Je ne connais pas Jean-Luc Mélenchon. Je ne l'ai jamais rencontré. Je ne lui ai jamais parlé ni n'ai jamais échangé avec lui. Je n'ai parlé à aucun député insoumis. Ils n'ont jamais cherché à me voir. J'ai rencontré Éric Coquerel en tant que président de la commission des finances de l'Assemblée nationale et Aurélie Trouvé en tant que présidente de celle des affaires économiques. J'ai échangé quelques minutes avec Manon Aubry quand elle est venue à l'audition des candidats aux élections européennes organisée par la CFDT. Si des responsables politiques demandent à me voir, je les vois. À l'exception de l'extrême droite.

Mais je ne cherche pas particulièrement à côtoyer des hommes et des femmes politiques. Peu de figures politiques m'ont marquée. Christiane Taubira est l'une d'elles. Une femme forte, brillante, cultivée. J'ai été frappée par son magnifique discours à l'Assemblée nationale, le 29 janvier 2013, en ouverture du débat sur le projet de loi autorisant le mariage aux personnes de même sexe. Un discours tirant le fil de notre devise républicaine « Liberté, Égalité, Fraternité ». Liberté de se choisir. Égalité de tous les couples. Fraternité entre citoyens qui ne peuvent continuer de subir une discrimination d'État. Elle a su porter avec talent ce combat, qui me tient particulièrement à cœur, pour les droits LGBT et la lutte contre l'homophobie et la transphobie. Et puis il y a Jacques Delors. J'ai eu la chance de le rencontrer quelques semaines avant sa mort, chez lui, dans le Quartier latin. Vif d'esprit, toujours très curieux, profondément et sincèrement intéressé par l'actualité et la vie de l'organisation en tant que « simple adhérent », Jacques était un compagnon de route précieux pour la CFDT. Il avait beaucoup d'humour. Nous avions parlé d'Edmond Maire, dont il fut un ami et un complice. Ils nous manquent. Delors, Rocard, ce sont ces personnalités plus anciennes, qui ont compté pour la CFDT. L'effet de la distanciation avec le politique sans doute. Quand nous avions des chemins parallèles et des liens très étroits, les grandes figures politiques marquaient l'histoire de notre organisation. Avec l'éloignement, c'est de moins en moins le cas. La CFDT, aujourd'hui, se cherche plutôt des figures issues de ses propres rangs.

Pour moi, il y a eu Jeannette Laot. Jeannette a été ouvrière à la Manufacture des tabacs de Morlaix. Au début des années 1970, la CFDT vient de se déconfessionnaliser et cette militante amène à la confédération les premiers débats sur la situation des femmes. À cette époque, celles-ci ont peu de place dans la société, et encore moins dans le syndicalisme. C'était un milieu machiste, à l'image du monde du travail. La CFDT, grâce à elle, devient alors la première organisation à agir pour l'abrogation de la loi de 1920 (qui réprime la communication sur l'avortement et l'accès à la contraception). Pour Jeannette, « la libération des femmes passe par leur autonomie économique ». Elle a vraiment fait avancer leur situation dans la société, le travail et le syndicalisme. Nous bénéficions toutes aujourd'hui des fruits de ses combats pour l'égalité et de ceux d'autres féministes qui nous ont précédées. J'ai eu la chance de connaître Jeannette, j'appréciais sa clairvoyance et son franc-parler. Je me suis fait la promesse de toujours lutter contre ceux qui entendent déconstruire son héritage, et en particulier l'extrême droite.

Je lutterai toujours contre l'extrême droite

Ce 21 avril 2002, j'avais accompli mon devoir électoral, comme toujours. À la fermeture des bureaux de vote, je participais au dépouillement dans le 14e arrondissement de Paris, mon quartier alors. Le résultat était sans appel et prévisible : ici, les électeurs avaient voté majoritairement pour Lionel Jospin, le Premier ministre socialiste. Aucune surprise. Comme toujours, le deuxième tour allait voir s'affronter la droite et la gauche. Cette fois, ce serait Chirac contre Jospin. En début de soirée, je rentre chez moi. Mon compagnon de l'époque, devenu depuis mon mari, me cueille : « C'est Le Pen. Le Pen-Chirac. » Je ne peux le croire : « Arrête, c'est une blague, ce n'est pas possible. » Nous sommes restés scotchés devant la télévision, sidérés. Avec cette question : « Comment n'a-t-on rien vu venir ? »

Le 1er mai, nous participons à la manifestation. Nous n'arrivons pas à décoller de la place de la République tellement la foule est nombreuse. J'ai

26 ans. Je suis frappée par la jeunesse autour de nous. Plein de jeunes manifestent et même certains qui ne se sont pas déplacés pour voter au premier tour. Comme tout le monde, ou presque, je vote Jacques Chirac au deuxième tour. 82 %. C'est un tel soulagement. Le soir, devant notre télévision, nous débattons avec des amis qui prédisent : « Chirac est élu grâce au barrage contre Le Pen, il va falloir qu'il en tienne compte. » Et moi, je leur dis : « Vous rêvez. » Je ne connais pas le fonctionnement des partis politiques, je suis très loin de ces considérations. Mais je comprends qu'il ne se passera rien, que la droite se sentira légitime à gouverner seule. Tenir compte d'un électorat qui s'est déplacé pour faire barrage, cela n'existera pas. C'est culturel. Dans le fonctionnement même de la politique, il n'y a pas en France cette culture du compromis, cette habitude du gagnant d'être à l'écoute de tous ceux qui l'ont élu. Je n'ai jamais cru que Jacques Chirac ait eu la moindre intention de réunir toutes les forces politiques pour voir comment composer ensemble. J'aurais aimé me tromper.

Je n'ai évidemment jamais connu Jean-Marie Le Pen. Je ne connais pas Marine Le Pen. En fait, je ne connais aucun responsable du RN. Notre ligne est simple : la CFDT ne parle pas avec l'extrême droite (RN, Reconquête, etc.). Nous ne les rencontrons jamais. Nous n'invitons pas leurs candidats quand nous proposons des auditions au moment des campagnes électorales. Si nous agissons ainsi contre le RN, ça n'est pas par sectarisme. C'est parce que la CFDT et l'extrême droite défendent deux projets antagoniques. Le RN n'est pas un parti « banal », ni dans sa construction historique ni dans son projet intrinsèque. Quand un programme n'est construit que sur la stigmatisation, ce n'est pas un programme comme les autres. Le cœur du RN, c'est l'inégalité des droits. C'est ça, la préférence nationale : considérer que défendre les uns, c'est pointer les autres du doigt, notamment les immigrés, comme responsables de tous les problèmes. Aucun autre parti n'a cette inégalité en son cœur. L'extrême droite n'est pas une famille politique comme les autres. Quand de tels partis accèdent au pouvoir, en Europe ou ailleurs dans le monde, on voit bien qu'ils ne supportent pas les contre-pouvoirs, qu'ils attaquent les droits syndicaux. L'extrême droite menace les droits des femmes, qualifie le syndicalisme de « croque-mort de l'économie ». Son affichage « social » actuel ne nous fait pas oublier son enracinement historiquement très libéral sur le plan économique. Elle est un danger pour les droits fondamentaux des citoyens et ceux des travailleurs. Dans son programme et dans sa vision de la démocratie, le RN est incompatible avec la CFDT.

C'est pourquoi, alors que nous ne donnons plus de consigne de vote depuis 1986, la CFDT a appelé à voter contre Jean-Marie Le Pen en 2002 et contre Marine Le Pen en 2017 et en 2022. Il en va de la démocratie. En 2017, quand nous appelons à voter contre la candidate du RN, cela fait débat à la commission exécutive car la question ne s'est pas posée depuis 2002. On s'interroge dix secondes pour savoir s'il faut appeler seulement à voter contre Le Pen ou appeler explicitement à voter Macron. Nous appelons à voter Macron. Parce qu'il faut lutter contre l'abstention et le vote blanc. Il faut voter Emmanuel Macron pour battre Marine Le Pen. Dans des moments comme ceux-là, il faut de la clarté. Aucune ambiguïté. Cela nous semble évident. En 2022, nous n'avons aucun état d'âme à recommencer. Cela ne veut pas dire que nous sommes d'accord avec le programme d'Emmanuel Macron. Cela veut dire que nous ferons tout ce que nous pouvons, pacifiquement bien sûr, pour empêcher une victoire de l'extrême droite. Nos valeurs sont à l'opposé du rejet de l'autre prôné par le RN, Reconquête ou Debout la France. Laurent a appelé à voter contre le RN en 2017 et 2022. Je le referai à la prochaine présidentielle si le RN est au second tour. Sans hésitation. Je lutterai toujours contre les idées d'extrême droite. Je traiterai toujours l'extrême droite d'une manière singulière. Je ne dirai jamais « les extrêmes ». L'extrême gauche et l'extrême droite, ce n'est pas la même chose. Je ne considère pas LFI comme d'extrême gauche. Oui, il y a plein d'outrances, des méthodes et des positionnements extrêmement contestables chez les insoumis, dans leur vision de la société, de la démocratie, du rôle et de la place des organisations syndicales. Mais jamais je ne mettrai un signe égal entre LFI et le RN. Jamais. Établir cette confusion, poser ce signe égal, comme le fait aujourd'hui le bloc central, est très dangereux. Ce bannissement symbolique n'a aucune chance de résoudre la crise démocratique ni de remobiliser le corps social.

Pour comprendre la singularité de l'extrême droite et notre opposition farouche à ses idées, il suffit d'évoquer l'immigration. Le cœur du réacteur du programme de l'extrême droite est la préférence nationale, pudiquement rebaptisée « priorité nationale ». L'immigration n'est pas un sujet dont on me parle spontanément quand je vais sur le terrain, à la rencontre des équipes CFDT ou des travailleurs et travailleuses. Mais c'est un sujet dont nous parlons lors de discussions sur ce que voudrait dire l'application d'un programme d'extrême droite dans le monde du travail. Le RN défend un programme d'exclusion d'un certain nombre de travailleurs. C'est une vision totalement fantasmée et très éloignée des réalités de l'immigration aujourd'hui en France. Cette « submersion » nauséabonde totalement inventée. C'est aussi une vision aveuglante de l'immigration dans le monde du travail : sans les immigrés, des secteurs économiques entiers ne tourneraient pas (la propreté, les services à la personne, le bâtiment, la restauration, etc.). Telle est la réalité. On me parle du pouvoir d'achat, du travail, des conditions de travail, de la vie au quotidien, de la possibilité de boucler les fins de mois, d'avoir accès à un logement et même de se déplacer. C'est intéressant de saisir les préoccupations des travailleurs en regard de ce qui monopolise le débat public. Le discours ambiant contre l'immigration est le fruit de la progression des idées de l'extrême droite. La fenêtre d'Overton s'élargit, la droite républicaine glisse vers l'extrême droite. On entend n'importe quoi. Les chiffres sont pourtant là : en France, il y a entre 8 % et 10 % d'immigrés depuis vingt ans. Pas d'accélération, pas de vague d'immigration. Et pourtant, certains ministres reprennent aujourd'hui ce que proférait Jean-Marie Le Pen il y a vingt, trente ou quarante ans. C'est ce qu'on appelait la « lepénisation des esprits ». L'extrême droite mêle immigration et questions sociales depuis longtemps. Le vieux slogan du FN, « Un million de chômeurs, c'est un million d'immigrés en trop », a prospéré. Et comme les questions sociales et de travail ont été insuffisamment prises au sérieux par les responsables politiques, aujourd'hui, dans les têtes, tout se mélange. Immigration égale chômage égale délinquance égale insécurité. Souvent, les partis politiques s'intéressent plus à leur communication qu'à la construction d'un projet de société. Aujourd'hui, des choses totalement fausses sont martelées dans le débat public sans que personne ne bronche. Quand un ministre comme Bruno Retailleau explique qu'il y a les faits et le ressenti, et que ce qui compte c'est le ressenti, c'est la faillite politique totale. À la CFDT, nous essayons de travailler sérieusement sur ces questions. Au Bureau national du mois de janvier, nous avons par exemple échangé avec le sociologue Félicien Faury, qui a fait sa thèse sur le vote RN. Il a suivi des électeurs RN en PACA pendant six ans et a décortiqué les mécanismes de ce vote, résultat de quarante ans d'articulation entre les questions sociales, le sentiment de déclassement et l'immigration. Selon ses travaux, dans la tête de ces électeurs les immigrés ne sont pas tous des étrangers, c'est-à-dire ceux qui n'ont pas la nationalité française, mais ceux dont l'origine est différente. Une des choses qu'il a le plus entendues, c'est : « Pourquoi on fait venir des chômeurs ? » Comme si les immigrés ne travaillaient pas. Une invisibilisation totale du travail. Il est important de comprendre les ressorts du vote RN. Pour essayer de l'empêcher de progresser.

Depuis quelques années, sur les lieux de travail, il y a une libération de la parole raciste, antisémite et xénophobe. Ce constat est partagé par toutes les organisations syndicales. Les scènes se répètent. Il y a un homme qui dit : « Il y a trop de Noirs en France. » Un bon Gaulois qui dit ça quand il a un collègue noir et qui corrige : « Mais toi, ce n'est pas pareil. » C'est ça le racisme ordinaire, il s'accompagne du même glissement sur les paroles homophobes ou transphobes. Aujourd'hui, on est obligés d'intervenir beaucoup plus souvent sur les lieux de travail, de dire : « Non, là, ce que tu dis, c'est raciste. Je ne peux pas te laisser dire ça. » Il faut travailler là-dessus. En tout cas, instaurer le dialogue. Il faut dialoguer avec les électeurs RN, chercher ce qui les motive, comprendre comment on peut être adhérent à la CFDT et voter à l'extrême droite. On doit rappeler cette base : une parole raciste, antisémite ou homophobe n'est pas une opinion, c'est un délit.

La préoccupation de la CFDT, c'est la qualité de l'intégration. En février dernier, je suis allée à l'assemblée générale du syndicat propreté Île-de-France, c'est le plus gros des 900 syndicats de la confédération. Il compte 6 200 adhérents. On parlait de l'actualité, de leurs préoccupations. Plusieurs délégués syndicaux ont pointé une difficulté de renouvellement des titres de séjour de salariés. Certains sont là depuis de nombreuses années, sont en règle et se retrouvent en grande précarité lorsqu'ils cherchent à renouveler leur carte de séjour. Pendant l'examen de leur demande, ils sont protégés pendant trois mois. Mais au-delà des trois mois, il faut qu'un employeur fasse une déclaration. Certains ne le font pas. De ce fait, ils basculent dans l'irrégularité. Cela devient un motif de licenciement. C'est très grave. C'est une pratique révoltante. Il y a des employeurs qui jouent avec la règle et qui considèrent que les salariés sont interchangeables. En tant que responsables syndicaux, notre rôle est de permettre à ceux qui travaillent d'être sécurisés, d'obtenir des papiers, en respectant les règles de durée de travail. Il ne suffit pas de dire que pour s'intégrer il faut maîtriser la langue française. Encore faut-il qu'il existe des structures pour vous accueillir, avoir du temps pour aller à des cours de français, des moyens de travailler à cette intégration. La dignité de l'accueil est une question importante. C'est aussi un des sujets qu'évoquent les agents en préfecture qui vivent mal leur travail. Quand ils doivent dire « attendez des mois » à des personnes en situation de grande difficulté, de grande précarité, c'est difficile à supporter. Contrairement à ce que prône l'extrême droite, contrairement au discours ambiant, je l'affirme : la France a besoin de l'immigration. Étant donné les crises géopolitiques ou climatiques, l'immigration fait partie intégrante du monde du XXIe siècle. Ces mouvements de population sont inéluctables et nécessaires. L'extrême droite a réussi à déshumaniser l'immigration et à distinguer le Syrien de l'Ukrainien. Être obligé de quitter son pays à cause de menaces, de guerres, c'est tout perdre, ne plus rien avoir. C'est éprouvant. Or, les conditions de regroupement familial sont de plus en plus difficiles. Abandonner toute sa famille, vivre un enfer, affronter extorsions, violences, s'installer dans un pays inconnu et devoir attendre sept ans – sept ans de précarité –, sept ans seul – sept ans minimum – avant de pouvoir faire venir les siens. Mais qui accepterait ça ? Dans le débat public, voila ce qui me révolte. On parle de ces êtres humains comme s'ils n'en étaient pas, comme s'ils étaient uniquement des chiffres. Un poids dont il faut se débarrasser. Quelle faillite morale. Quelle victoire de l'extrême droite. Ils ont labouré le terrain, ils ont diffusé leurs idées, ils ont déplacé la limite de ce qui est admissible.

Tous les moyens sont-ils bons ? C'est une question essentielle pour la CFDT, une question éthique. Je garde précieusement en mémoire le discours d'Edmond Maire lors de l'hommage à Michel Rocard aux Invalides. Michel partageait cette idée que la fin est dans le moyen, que la façon de parvenir à notre objectif est au moins aussi importante que le résultat. Aujourd'hui, j'ai le sentiment que, pour beaucoup, tous les moyens sont bons. Y compris en reprenant les mots du leader d'un parti qui compte parmi ses fondateurs des Waffen SS, des collabos et des anciens de l'OAS. C'est quand même ça, la réalité du FN devenu RN. Il ne peut pas être un parti comme les autres. Il ne le sera jamais pour la CFDT. C'est pourquoi il n'y a jamais eu de contact entre elle et le RN au niveau national.

Thomas Ménagé, le porte-parole du groupe RN, avait écrit à toutes les organisations syndicales au moment de leur proposition de loi abrogeant la réforme des retraites, en octobre 2024. Nous avons tous reçu sa lettre dix jours après qu'il l'avait fait fuiter dans la presse, expliquant dans cet article que nous refusions de les voir, que nous les mettions au ban. Ce n'était là encore qu'une opération de communication, de victimisation. Pas de relations. Voilà pour la règle et la pratique nationales. Localement, c'est forcément plus compliqué. Il a pu y avoir des contacts, notamment quand des entreprises se retrouvent en grande difficulté. Des élus RN comme d'autres élus politiques, d'autres députés voulaient alors rencontrer les équipes. Le message qu'il nous faut parvenir à faire passer est qu'il n'y a rien à attendre de l'extrême droite, qu'il est inutile de les voir. Ils sollicitent les équipes parce qu'ils veulent une photo avec la CFDT. Si les voir c'est espérer que les politiques donnent un coup de main, il y a d'autres moyens plus efficaces. Nous pouvons déployer nos réseaux, permettre à nos militants d'avoir accès à d'autres interlocuteurs. Nos statuts prévoient – et ça a été reconnu par la justice – qu'on ne peut pas être adhérent CFDT, se revendiquer des valeurs de la CFDT et être militant, candidat ou élu sous l'étiquette de l'extrême droite. Nous n'excluons pas pour autant les adhérents de la CFDT qui votent RN. Ça n'est pas vrai, encore une fois, chacun fait ce qu'il veut dans l'isoloir. Mais si quelqu'un défend le programme du RN, le porte dans une élection tout en se réclamant de la CFDT, nous lui disons que ce n'est pas possible et donc nous l'excluons. Aux dernières législatives, nous avons ainsi exclu un peu moins d'une dizaine de personnes sur les près de 1 500 candidats et suppléants. Pour les autres, nous vérifions qu'il n'y a pas incompatibilité d'exercice des mandats entre leur engagement politique et leur présence à la CFDT. Si quelqu'un est élu départemental de la confédération et député, il se met en retrait de ses mandats CFDT. On ne peut pas être les deux à la fois. Dans les mairies RN, quand le RN est employeur, nos militants défendent les droits des travailleurs. Mais nous ne nous comportons pas de la même manière avec un responsable RN ou un responsable LR, Renaissance, PS ou autres.

Nous luttons différemment contre l'extrême droite quand elle dirige. Le principe de réalité du syndicaliste est qu'il ne choisit pas ses interlocuteurs quand ils sont employeurs. La CFDT défend partout les travailleurs, négocie partout, quoi que pense le patron.

Que serait une France dirigée par le RN ? Cette perspective n'est pas inéluctable. Mais je me dois d'y réfléchir. J'en ai beaucoup discuté avec Pierpaolo Bombardieri, le responsable de l'UIL, syndicat italien qui doit désormais composer avec Giorgia Meloni. Comment un syndicaliste doit-il se comporter face à un tel pouvoir ? Comment continuer de lutter contre l'extrême droite ? Ce sont des questions que nous nous posons de plus en plus entre responsables syndicaux européens.

Le monde selon Trump

Je m'étais couchée inquiète. Ce mardi 5 novembre 2024 au soir, je n'avais aucune certitude sur l'issue de l'élection présidentielle américaine. J'étais prudente, je ne savais pas qui allait l'emporter de Kamala Harris ou de Donald Trump. Aurait-on même un résultat le lendemain matin ou allait-on multiplier les recours et recomptages ? Cette élection passionnait le monde, toutes les chaînes françaises avaient organisé des « nuits américaines », mais je n'avais pas voulu attendre toute la nuit. Le lendemain matin, à mon réveil, j'ai cherché tout de suite le nom du vainqueur. En voyant s'afficher celui de Donald Trump, je suis restée interdite. Sa réélection était, à mes yeux de femme européenne, stupéfiante. Je ne connais pas bien les États-Unis. Au regard de la campagne qu'il a menée, de son passif, de l'attaque contre le Capitole, de son attitude vis-à-vis des femmes, sa victoire m'abasourdit. Très vite, on comprend que l'Europe va devoir se prendre en main, au sens économique du moins.

Trump a annoncé la couleur, il va défendre les intérêts américains, taxer les produits européens, lâcher la question climatique. L'Europe va devoir redéfinir et consolider ses relations économiques. Avec Trump, ce sera la fin du multilatéralisme. On le savait. Au fond, le président américain impose au système politique et diplomatique les règles du business. Il pratique la politique comme les affaires : par le rapport de force brutal, frontal. La loi du plus fort. On savait qu'il agirait ainsi en économie, il nous a fallu quelques semaines pour comprendre que ce serait aussi sa marque de fabrique diplomatique. Comme des millions de personnes en Occident, le voir humilier Volodymyr Zelensky à la Maison-Blanche, voir les États-Unis s'aligner sur la Russie m'a révoltée. Avec Trump, ce qui paraissait impensable devient possible. Même vouloir annexer le Canada, le Groenland ou le canal de Panama… C'est une nouvelle ère qui commence. Une ère dans laquelle la CFDT sera au combat. Aux côtés des syndicats européens notamment.

La CFDT est une organisation profondément européenne. Elle l'a toujours été. Elle le sera toujours. Aujourd'hui, l'Europe peine à s'afficher unie, des pays comme la Hongrie d'Orban ou l'Italie de Meloni étant plutôt alignés sur la politique de Trump. Cette élection et les premières semaines du nouveau président américain inquiètent les équipes syndicales. La dissolution les avait déjà inquiétées, les grosses entreprises hésitant de plus en plus à investir en France et en Europe. Dans l'industrie, les gens sont soucieux. Si l'Europe n'est pas capable de se défendre et de protéger les emplois, ça ira très mal. Ces dernières semaines, une nouvelle peur a surgi à l'échelle du continent. Nous en parlons entre dirigeants, réunis dans la CES (Confédération européenne des syndicats). Nos sujets de préoccupation habituels sont sociaux : nous défendons tous les droits des travailleurs. Nous nous battons pour des droits sociaux européens, le renforcement de la protection sociale comme la création d'une assurance chômage dans tous les pays européens. Nous nous battons aussi contre des projets de directives européennes de libéralisation. En ce printemps 2025, les employeurs veulent déréglementer, s'aligner par le bas sur une Amérique en pleine régression. L'Europe sociale est importante, mais ce n'est plus notre seul problème. L'Europe de la défense devient une question essentielle. Or l'Europe s'est construite sur l'idée de la paix. Cette Europe de la défense n'a jamais été une priorité pour l'Union européenne. Une esquisse de réflexion a surgi timidement au début de la guerre en Ukraine, en 2022. Mais avec Trump, il est temps d'y penser concrètement. Et surtout d'agir vite. Dans le milieu syndical où le pacifisme est une valeur importante, prendre position dans ce débat est difficile. Aujourd'hui la donne a changé, le parapluie américain s'est refermé. À la CFDT, nous avons acté la nécessité d'intensifier la coopération industrielle européenne en matière de défense. C'est une question de souveraineté technologique, industrielle et sécuritaire. Le débat ne fait que commencer. Dans la société française comme dans la CES.

J'ai toujours été une fervente Européenne. Je me suis toujours sentie à la fois française et européenne. J'ai toujours voté aux élections européennes. J'ai voté pour le traité constitutionnel européen en 2005, alors que la majorité des Français ont voté non. J'étais déjà engagée. Déjà frappée par le fait que le projet européen n'arrivait pas à s'ancrer dans le quotidien, que l'Europe était très abstraite pour les Français. À la CFDT, nous avons à cœur de montrer ce qu'elle apporte à chacun. C'est par exemple grâce à l'Europe que l'on va pouvoir franchir un nouveau cap dans l'égalité salariale entre les hommes et les femmes en transposant une directive. C'est important de le dire, de l'expliquer. On gagne des droits grâce à elle. C'est une réalité. Mais peu le croient. Les résultats des dernières élections européennes l'ont montré une nouvelle fois : l'Europe n'intéresse pas. La campagne s'est faite sur le seul thème « Pour ou contre la politique nationale », et finalement c'est le RN, le parti le plus antieuropéen, qui a gagné. Nous ne baisserons pas les bras. J'aime passer du temps avec d'autres syndicalistes, européens notamment. J'essaie d'assister à tous les comités exécutifs de la CES, une confédération de 195 syndicats issus de toute l'Europe, au sens large (les syndicats turcs ou russes y sont, les Britanniques aussi). Pour la France, outre la CFDT, siègent la CGT, FO, l'UNSA et la CFTC. Son rôle ? Définir des revendications et des campagnes communes sur les salaires, les retraites, les contrats de travail, l'assurance chômage, les conditions de travail, le travail détaché, etc. La CES est l'interlocuteur des organisations patronales européennes (Business Europe), de la Commission et du Parlement. Quand Jacques Delors présidait la Commission européenne, il a créé le premier sommet de dialogue social, ce que l'on appelle les entretiens de Val Duchesse. Ce n'est pas un hasard, Jacques était une figure de la CFDT. Celle-ci a toujours été pionnière et très active dans le syndicalisme européen. Il y a un compagnonnage entre la CFDT et la CES : Laurent en a été le président jusqu'en 2023. Avant de devenir secrétaire générale, je ne me suis pas occupée de l'international mais j'ai participé à des négociations européennes de branche, car il y a aussi des organisations catégorielles européennes (verre, papiers-cartons par exemple). Je travaillais beaucoup avec IGBCE et IG Metall, des syndicats allemands. La fédération chimie énergie est historiquement une fédération également très investie hors de France. À travers l'Europe, les pratiques, les visions sont différentes, mais tous les syndicalistes sont là pour défendre les travailleurs. C'est une expérience d'une richesse incroyable.

À la CFDT, nous travaillons aussi régulièrement avec un petit groupe de partenaires européens (nos amis belges de la CSC, espagnols de l'UGT, finlandais de la SAK, polonais de l'OPZZ et autrichiens de l'ÖGB). Nous avons aussi une relation bilatérale privilégiée avec l'UIL italienne et avec le DGB en Allemagne. Nous avons régulièrement des réunions de travail, des échanges de pratiques entre syndicats européens, des projets concrets que nous menons ensemble. Nous avons par exemple organisé, avec d'autres organisations syndicales françaises, un convoi humanitaire pour les syndicats ukrainiens FPU et KVPU en janvier 2023, avec deux 38-tonnes remplis de vivres, de matériel de soin et d'hygiène, de machines à laver industrielles, de radiateurs… Nous aidons les syndicalistes ukrainiens sur place pour qu'ils puissent continuer à être utiles aux travailleurs – en période de guerre, les droits des travailleurs sont souvent fragilisés. Nous avons aussi accueilli ces syndicalistes ukrainiens à notre congrès, en juin 2022, pour qu'ils puissent partager ce qu'ils vivent et pour qu'ils sentent notre solidarité. Certains d'entre eux étaient d'ailleurs présents à la manifestation contre la réforme des retraites le 1er mai 2023, aux côtés de militants du monde entier. Être à la CES est une grande chance, cela m'aide à penser la période et à agir. Au moment où Trump s'en prend à l'Ukraine, s'aligne sur les Russes, avoir des débats avec mes homologues syndicalistes européens est essentiel. Cela rappelle que l'Europe est un projet magnifique, que l'on ne peut agir les uns sans les autres, que l'on doit compter les uns sur les autres. Il faut surmonter nos divergences, car la question existentielle de l'Europe, aujourd'hui, est le maintien de la paix et le progrès social.

La CFDT n'a jamais limité son action à la France. Nous avons une longue tradition européenne et internationale. Nous avons fait le choix qu'une part des cotisations des adhérents (0,8 %) soit dédiée à la solidarité internationale. Et nous faisons vivre cette solidarité avec le service international Europe et notre institut de coopération, l'Institut Belleville. Nous agissons aussi, par exemple, avec l'association afghane NEGAR et Solidarité Laïque. Il y a vingt-cinq ans, nos trois organisations soutenaient et organisaient des écoles clandestines de filles en Afghanistan. Les talibans au pouvoir avaient déjà fermé les écoles. Nous avions envoyé du matériel et des fonds pour payer les taxis qui conduisaient secrètement les filles à l'école. Une génération de jeunes filles a ainsi pu continuer à apprendre des métiers qu'elles ont ensuite pu exercer, jusqu'au retour des talibans. Ce combat, nous le poursuivons. Nous participons à relancer le projet « Libérer le savoir et les femmes », une campagne pour la scolarisation des Afghanes, parce qu'il ne suffit pas de s'indigner sur les réseaux sociaux. Emmurées vivantes, contraintes au silence, les femmes sont les premières cibles des talibans. Mais il n'y a pas que l'Afghanistan, le sort réservé aux femmes en Iran par exemple et dans de nombreux autres pays du monde me révolte. Il faut affirmer notre modèle féministe, démocratique. Le *backlash* en cours sur les luttes féministes et LGBT m'inquiète. Je suis résolue à donner à ces combats la place qu'ils méritent, en France, dans l'entreprise et dans le monde.

Je suis aussi résolue à défendre les syndicalistes du monde entier. C'est un enjeu démocratique. Un enjeu de solidarité. Un enjeu de fraternité. Depuis de nombreuses années, nous avons soutenu les syndicalistes partout dans le monde, en Pologne, au Venezuela, en Tunisie, au Brésil, en Colombie, à Hong Kong, en Afghanistan. Une solidarité diplomatique, une contribution à leur protection, à leur sécurité. Quand ce combat n'est plus possible sur place, nous leur apportons notre aide pour qu'une fois à l'abri ils puissent continuer d'agir en tant que syndicalistes, qu'ils préparent la suite et, un jour, leur retour. Tous les pays du monde ont besoin de syndicats. De plus en plus.

Je veux changer la CFDT

Je venais d'être élue secrétaire générale de la CFDT. C'était mon premier déplacement, la première équipe syndicale que j'allais rencontrer dans ma nouvelle fonction. J'avais choisi d'aller discuter avec les militants CFDT de Monoprix à Paris. J'ai parlé avec les salariés, beaucoup de femmes, qui m'expliquaient ce que l'installation des caisses automatiques avait changé dans leur vie. Une quinzaine de personnes, cinq ou six nationalités et une même fierté du travail. J'ai le plaisir de rencontrer Halima, la déléguée syndicale qui connaît tout le monde. Elle est impressionnante, comme beaucoup de militants et de militantes. J'aime quand on parcourt une entreprise avec un délégué syndical. Il connaît tous les salariés, chaque prénom, il est capable de dire : « Et toi, et ton mari, ça va mieux ? Et tes enfants ? Et ta mère, c'est toujours compliqué ? » Halima est passionnante et vraiment attachée à celles et ceux qu'elle représente. Elle m'explique que l'un des points noirs pour les salariés de Monoprix, dans Paris, c'est le logement. Avec leurs salaires, réussir à habiter dans la capitale est très difficile, voire impossible. Elle a donc choisi de tenir une permanence pour tous les salariés. Sur son temps libre, le samedi matin, elle les aide pour des dossiers de demande de logement. Elle rend service. Elle aide les autres. C'est sa conception du syndicalisme. C'est aussi la mienne.

Quand j'ai pris la tête de la CFDT, j'avais mes idées sur le syndicalisme, son rôle, ses moyens d'action, sa fonction dans la société. Je savais ce que je voulais faire du premier syndicat de France, ce que je voulais changer et, bien sûr, ce que je voulais conserver, préserver. Mon héritage, c'est une CFDT qui sait s'adapter aux évolutions du monde du travail. C'est inestimable. Je dois m'assurer qu'elle poursuive son chemin. Depuis les années 1990, le monde du travail bouge beaucoup, la technologie évolue énormément. Il y a eu le numérique, maintenant l'IA et les enjeux écologiques. Je veux préserver cette singularité d'une organisation qui sait s'adapter et qui sait peser sur les changements. Il ne suffit pas de dire : « Vive le mouvement. » Il faut agir. Comment faire pour que les travailleurs aient le pouvoir d'agir ? Garder ce cap, cette capacité qu'a toujours eue la CFDT d'épouser son époque, voire d'être en avance sur son temps, comme elle l'a été sur l'écologie et l'autogestion par exemple, c'est mon objectif.

Mieux que de longs discours, une histoire. Les syndicats ont leurs rituels. Leurs congrès en sont l'exemple le plus frappant. C'est le moment où nous élisons nos dirigeants, où nous choisissons notre orientation et validons notre bilan. C'est un exercice démocratique essentiel qui a lieu tous les quatre ans (le prochain se déroulera en juin 2026 à Bordeaux). Chez nous, tout est structuré. En moyenne, 3 500 personnes y assistent dans la semaine. Nous commençons par la présentation du rapport d'activité. Ce texte est construit au siège, par la « conf' », la confédération. C'est le bilan de quatre ans de mandat : tout ce que nous avons fait, ce qui était prévu, ce qui a bien réussi (en principe, c'est écrit comme ça !), ou moins bien réussi. Après cette présentation, les syndicats, qui sont les structures de base composant la confédération, professionnelles et territoriales, s'expriment : environ 200 personnes prennent la parole, quelques minutes chacun. Le secrétaire général répond, les syndicats votent et donnent quitus ou refusent. Les jours qui suivent, nous nous projetons, nous réfléchissons ensemble sur des questions particulières. Des invités interviennent, notamment des syndicalistes internationaux. Nous élisons nos dirigeants (les 42 membres du Bureau national, qui eux élisent le secrétaire général, son adjoint et le trésorier).

Enfin, nous présentons une résolution qui propose les principaux positionnements de la CFDT à mettre en débat. Les syndicats en amont ont lu le texte, ont posé des amendements. Certains de ces amendements ont été retenus pour être débattus par l'ensemble de l'organisation. Le syndicat défend son amendement, un syndicat propose une contradiction. Le rapporteur dit la position du Bureau national et nous votons en direct. C'est un exercice très enrichissant. Voir des militants prendre la parole devant 3 000 personnes, défendre une idée sans la simplifier, accepter une contradiction, ça me rend fière. Mais on peut faire mieux. Certains nous disent qu'ils n'ont pas le temps de lire les textes et de se les approprier, de bien préparer les débats. Nous allons donc changer. Pas si simple pour certains responsables, parfois frileux parce que « les traditions ont tout de même du bon ». Pour d'autres il faut faire « attention à ne pas dénaturer un congrès, à ne pas tomber dans le zapping ». C'est effectivement un exercice délicat. Notre démocratie interne est précieuse mais elle peut et doit encore s'améliorer. Pour vous donner une idée, j'ai proposé d'utiliser une IA pour nous aider à construire le rapport d'activité, plutôt que de faire travailler pendant six mois les responsables de service. L'enjeu, c'est d'entraîner une IA à parler CFDT. Jusqu'ici on passait des mois sur un texte que presque personne ne lisait. Plutôt que d'écrire une résolution qui reprend toute la CFDT, sa vie, son œuvre, j'ai proposé qu'une IA nous aide à synthétiser nos revendications. J'aimerais ne débattre au congrès que des nouveaux sujets, ou des sujets sur lesquels nous voulons changer notre position. Le reste étant un acquis, accessible à tout le monde. En 2022, notre plan de travail comportait 17 priorités. Je suis incapable de les citer de tête. Aujourd'hui, nous avons sept priorités. Je les bouscule un peu. Mais nous avançons.

Quand j'ai rencontré, à l'hiver 2024, pour la première fois, la promotion des apprentis solidaires de l'AFEV (Association d'aide aux jeunes pour l'engagement contre les inégalités scolaires), que je marraine à Lens, ils avaient du mal à comprendre ce qu'était un syndicat. Pour eux, qui ont tellement envie de travailler, de trouver une entreprise pour les accueillir, l'idée de défendre ses droits est encore assez abstraite. Julien m'a demandé :

— Mais vous êtes combien ?

— Tu sais, la CFDT, c'est une grande maison. On est 635 000.

— Une maison, et vous êtes 635 000 dedans, c'est un truc de ouf.

« Maison », c'est une expression. Mais c'est un peu une réalité. Une famille au sens large. La CFDT est une grande et vieille organisation. C'est une chance. Notre histoire est belle. Elle nous porte. Cependant notre manière de faire peut et doit changer. Nos statuts ont été régulièrement revus, mais ils reposent sur un fonctionnement qui date. Il ne répond pas forcément à des tendances nouvelles de l'organisation collective : moins de verticalité et plus de réseaux. Nos adhérents veulent participer plus activement. Heureusement. À nous de nous adapter.

Je me souviens qu'à la fédération nous nous parlions peu entre fédérations de la chimie énergie et la métallurgie, alors que nous étions dans le même immeuble ! Nous ne parlions pas plus à l'agroalimentaire ou aux transports. C'était très cloisonné. Nous travaillons trop peu ensemble. Je suis consciente que ce défi de décloisonner est une constante dans les entreprises et les administrations. Nous avons beaucoup évolué depuis. Nous avons réussi d'abord par une volonté et une impulsion des secrétaires généraux successifs, notamment Laurent. C'est une nécessité pour une organisation qui place le lien et la proximité avec les travailleurs comme priorité. Changer notre fonctionnement, c'est aussi s'adapter aux évolutions des règles du dialogue social. Il y a moins de moyens dans les entreprises, moins de délégués et moins d'heures de délégation (les heures dont disposent les représentants syndicaux pour exercer leurs mandats). Cela a complètement bousculé le cœur de métier des militants d'instance. Il a fallu que la maison se mette en ordre de marche. Si chacun œuvrait dans son coin, nous serions morts. Nous avons donc mutualisé et beaucoup plus travaillé ensemble.

Le syndicalisme doit évoluer. S'adapter. Je me souviens de Kerim, un délégué syndical CFDT d'une entreprise de la chimie en Alsace. Un peu le profil garde du corps à la stature impressionnante ! Nous sommes allés visiter son entreprise et avons discuté avec l'équipe. Alors qu'il me racontait qu'il considérait comme essentiel d'être au service des salariés et de rendre tous les services possibles, il s'est interrompu en m'expliquant qu'il devait rappeler l'hôpital pour confirmer un rendez-vous médical : en tant que délégué syndical, il avait à cœur de donner un coup de main pour trouver des rendez-vous médicaux ou administratifs à ses collègues. Militer, représenter, c'est aussi faire vivre la solidarité, être impliqué dans la vie locale. Rendre service, c'est une belle mission, peut-être la plus noble. Je veux que la CFDT soit le syndicat de ses adhérents, un syndicat plus horizontal, un syndicat qui rende service concrètement. Les choses avancent. La CFDT a créé le dispositif ARC (Accompagnement, Ressources, Conseils), au service des militants. Si vous êtes dans un CSE (comité social et économique), que vous voulez ouvrir une négociation salariale, que vous devez affronter des accidents du travail ou, pire, un décès au travail, vous pouvez appeler et être soutenu. Tous nos adhérents ont par ailleurs, via leur numéro d'adhérent, accès à un portail d'informations (fiches thématiques, juridiques, des exemples d'accords) et à un réseau d'experts (économistes, avocats, etc.) pour du conseil ponctuel, à la carte. L'enjeu de mon mandat est de réussir à faire des adhérents de vrais acteurs de l'organisation et de ne pas les réduire à des hommes et des femmes qui paient leur cotisation et reçoivent un magazine, pour caricaturer. Quand vous êtes adhérent et que vous n'êtes pas dans une section ou que vous n'êtes pas engagé dans un mandat, vous avez finalement peu de contacts avec la CFDT. La structure politique de base, ce sont nos syndicats (il y en a environ 900). La moyenne d'adhérents par section, c'est quatre personnes, loin de l'image mythique d'un grand syndicat surpuissant dans les grosses entreprises. Sur nos 635 000 adhérents, nous avons des dizaines de milliers de militants et de mandatés (c'est-à-dire des adhérents titulaires d'un mandat, élus ou désignés). Je veux faire participer tous nos membres, sur une cause qui leur tient à cœur, sous la forme qui leur correspond, et pas nécessairement en exerçant un mandat de représentant du personnel. Il faut que nous proposions de nouvelles formes de participation. On a pour cela créé une cellule « innovation ». Par exemple, les militants de l'Ademe (Agence de l'environnement et de la maîtrise de l'énergie) avaient travaillé sur la mise en place de circuits courts pour le restaurant d'entreprise. Et là, des adhérents étaient intéressés. Répondre à des aspirations à la carte, sur une cause précise, avec une durée d'engagement qui n'est pas celle d'un mandat, ce sera ça, la CFDT du XXIe siècle.

Je veux aussi aller à la conquête des nouveaux espaces. 90 % des salariés ne croisent jamais un syndicaliste dans leur carrière. Les déserts syndicaux sont bien trop vastes. Il faut donc aller à la rencontre de ces travailleurs dans toutes les entreprises, quelle que soit leur taille, notamment les très petites entreprises. Quand je suis devenue numéro deux, en 2018, je me suis occupée des indépendants. En 2020, nous avons créé une structure pour eux : « Union Indépendants. » Il faut la consolider, améliorer la capacité d'organisation collective de ces travailleurs. Depuis le début de ce livre, j'écris « travailleurs ». Ce mot est récent à la CFDT. Les travailleurs, ce sont les salariés, les agents des fonctions publiques, fonctionnaires et contractuels, et les indépendants. C'est l'équivalent des *workers* en anglais. D'ailleurs, quand nous échangeons à la CES, tout le monde sait de quoi on parle. Au congrès de la CFDT, en 2018, nous avons porté la résolution générale avec Yvan. J'ai insisté pour ne pas scinder le texte en une partie « privé » et une partie « public », comme nous le faisions jusque-là. Le « travail », c'est autant celui de la personne qui est au guichet de la préfecture, qu'à celui de la SNCF ou à celui du poste d'accueil à l'entrée d'une usine. Quand tu es en guichet, tu es en guichet. C'était une belle évolution.

Je veux aussi que la CFDT soit une organisation plus inclusive, plus ouverte. Dans l'enquête « Parlons engagement », menée en 2022 avec 30 000 répondants, 68 % nous ont dit : « Si les syndicats ne changent pas, dans dix ans ils n'existeront plus. » C'est notre défi. Même si le phénomène est moins fort que dans la société, des personnes ne se sentent pas suffisamment dans un espace sûr à la CFDT pour s'épanouir, s'exprimer publiquement, etc. Des femmes disent encore trop souvent qu'elles n'osent pas prendre la parole. Au prochain congrès, j'ai demandé que l'on mesure le temps de parole des femmes par rapport à celui des hommes. Certains m'ont dit : « Ah, tu veux que ce soit 50-50. » Non, car je ne choisis pas qui parle au nom des syndicats qui s'expriment. Nous ne l'imposerons pas. À la CFDT, même si nous sommes 52 % d'adhérentes, je suis certaine que les hommes parleront plus que les femmes pendant le congrès. Je ne suis pas la seule à vouloir que ça bouge, beaucoup de femmes et d'hommes cédétistes le veulent aussi. À chaque débat auquel je participe, les trois premières questions sont très souvent posées par des hommes, même s'il y a autant d'hommes que de femmes dans la salle.

Laurent a instauré la parité au Bureau national (42 personnes) en 2018 et c'est lui qui a monté pour la première fois une commission exécutive (10 personnes) paritaire en 2014.

Je souhaite aussi améliorer la place des jeunes dans l'organisation. Je pense que l'envie de les attirer, de les faire militer doit être portée par les jeunes eux-mêmes. Il n'y a rien de pire qu'un ancien qui essaie de faire des choses pour les jeunes. Nous avons donc relancé un cycle de formations politiques interne pour les moins de 35 ans. Ils étaient 250 en juin 2024. Il faut leur faire une place. Pendant le congrès, chaque délégation devra inclure au moins l'un d'entre eux. Nous allons aussi proposer à des jeunes militants de venir en Bureau national. La CFDT doit être leur maison.

Enfin, je veux travailler différemment avec les formations politiques. Il faut arrêter de se plaindre que les politiques ne travaillent pas assez avec les syndicats. En tant que premier syndicat, nous devons inventer et proposer de nouveaux cadres, pas forcément les mêmes pour toutes les formations politiques d'ailleurs. Le projet de la CFDT doit être partagé et irriguer le débat public. Je ne cherche pas un débouché politique, nous n'avons pas besoin qu'un parti ou un candidat défende nos idées. Mais en tant qu'acteur de la société civile, nous avons besoin de nous confronter, d'échanger, d'influencer. L'idée n'est pas de dire aux partis politiques : « Prenez nos propositions à la virgule près. » Mais : « Appropriez-vous nos idées, faites-en votre miel. » Le message que j'envoie aux rares responsables politiques que je rencontre, c'est : « Si vous voulez travailler sur des sujets, nous sommes à votre disposition. » Cela suppose qu'ils soient prêts à réfléchir sur le fond, qu'ils s'emparent des problématiques liées au travail, au pouvoir d'achat, à l'écologie, au logement, au féminisme, etc. La confrontation avec eux peut prendre des formes diverses. On peut participer à des événements, inventer des formes de discussion, de débat. Se contenter de se croiser et de se figer dans une posture ne sert à rien. J'ai participé par exemple, il y a quelques mois, à un débat organisé par un cercle d'économistes sur la fiscalité avec le Medef. Avant notre échange, toutes les formations politiques étaient représentées et se sont exprimées sur ce sujet. Plutôt qu'un débat, il s'agissait en fait d'une juxtaposition de positions. Cela m'a interrogée. La CFDT a cette particularité : on n'invite quasiment jamais d'hommes ou de femmes politiques. Ils ne viennent que lorsque nous les auditionnons au moment des élections. Aucun ministre, aucun responsable politique ne vient à un congrès de la CFDT. Ils ne sont pas invités. C'est un lieu de décision, ils n'y ont pas leur place. Mais il faut inventer de nouveaux espaces. Cela suppose que les politiques fassent eux-mêmes un travail sur ce qu'ils attendent des syndicats. Je veux changer la CFDT. J'aimerais aussi que la politique change.

Ni valeur travail ni droit à la paresse

Je n'ai jamais oublié celles et ceux que l'on applaudissait pendant le Covid, qui étaient en première ou en deuxième ligne. Ceux qui attendent toujours la reconnaissance du pays. Je vais souvent à leur rencontre. J'ai été très frappée par les mots d'une aide-soignante. Militante CFDT dans un Ehpad, Christelle continue d'avoir une activité professionnelle. Elle me confiait son désarroi, la difficulté d'apporter des réponses à des salariés qui lui disent de façon récurrente : « On n'a pas les moyens de bien faire notre travail, on manque de temps. » « On n'est encore que deux. » « On ne peut pas faire prendre toutes les douches aux résidents. » Organiser les plannings est de plus en plus difficile. Pour elle, le plus insupportable est de ne plus avoir de temps pour l'humain. Le personnel avait compté : sur une semaine, au maximum dans une journée, ils ne s'adressaient aux résidents que dix minutes par jour. C'est pourtant l'essence de leur métier. C'est le cœur de leur mal-être au travail. C'est cela qui conduit à la « perte de fierté dans son travail ». Ce qui me frappe quand je vois les militants, c'est l'amour de leur métier. Il n'y a pas un militant que j'aie rencontré qui me semble éloigné ou un peu déconnecté. Dans toutes nos discussions reviennent le pouvoir d'achat et les moyens de bien faire son boulot. Aimer son métier, le faire bien, y trouver du sens, le défendre, le payer à sa juste valeur. Le travail est bien le sujet principal des syndicalistes. Un bon syndicaliste est un bon professionnel, cela va de pair. On ne s'engage pas dans la voie du syndicalisme parce qu'on n'aime pas son job. Il faut l'aimer, aimer ce que l'on fait, vouloir s'investir pour les autres, être animé par l'envie de faire bouger les choses. Un bon syndicaliste est quelqu'un qui écoute, probablement plus qu'il ne parle. On parle souvent trop. On parle trop aux salariés, on ne les laisse pas assez parler d'eux.

Depuis que j'ai commencé à travailler, le changement le plus frappant est l'intensification de la charge professionnelle, due à des changements d'organisation et à de nouvelles méthodes de management standardisées et déshumanisées. Le principe, c'est la chasse aux temps morts. Ce phénomène abîme les collectifs de travail, produit une maltraitance plus ou moins volontaire. Il a un impact sur la solidarité entre collègues, sur le temps que l'on a – ou pas justement – pour parler de son boulot, de ses difficultés. Dans l'industrie ou à l'hôpital, par exemple, les nouveaux modes d'organisation font que les temps de passage de consignes sont plus courts, voire inexistants. Ils sont résumés à ce que l'on peut inscrire dans un cahier de transmission. Au bout du bout, c'est le terreau d'une individualisation. Cela a eu pour effet d'alimenter une grande frustration : on ne peut plus parler de son travail, on ne peut plus parler au travail. Ces transformations impactent les représentants du personnel. Des salariés qui ont moins de temps et d'espace pour s'exprimer sur leur travail, cela joue sur le syndicalisme. Les relations changent aussi de nature avec l'encadrement. Les cadres sont davantage sous pression et doivent faire face à de multiples injonctions contradictoires. En 2016, nous avons lancé une grande enquête interactive, « Parlons travail » (plus de 200 000 personnes ont participé, avec plus de 20 millions de réponses), dont ressortait une volonté d'avoir plus de prise sur le travail, de plus et mieux participer aux décisions.

Un autre changement majeur est l'accélération de la transformation numérique. Quand je suis entrée sur le marché du travail, au début des années 2000, les entreprises commençaient à utiliser les PGI, progiciels de gestion intégrée[1]. Il s'agissait d'outils informatiques, de logiciels, qui permettaient d'automatiser un certain nombre de tâches. L'enjeu était d'aller de la commande à la facturation. Le client rentrait dans un tube numérique, informatique comme on disait à l'époque. Présenté comme un simple outil, il modifiait en fait profondément l'organisation, les tâches et les conditions de travail. Les travailleurs n'étaient plus qu'un des maillons de la chaîne et n'avaient plus de vision globale. Cela a abouti à ce que l'on appelle aujourd'hui la perte de sens. Cette aspiration à produire un travail qui fasse sens a toujours existé. Je suis convaincue que parler du travail, c'est d'abord parler respect et dignité. Je me rappelle un ouvrage collectif coordonné par la CFDT intitulé *Le Travail intenable*[2]. Il est sorti en 2010. L'idée du projet était de permettre de trouver les solutions pour résister collectivement à l'intensification du travail. Aujourd'hui, dans les entreprises, on parle de l'emploi, on parle des salaires et des transformations via des outils, sans véritablement se demander ce que cela a comme impact sur les conditions et l'organisation du travail. Or, cela s'est accéléré.

1. Qu'on appelle maintenant plus volontiers ERP (*enterprise resource planning*).

2. Théry, Laurence. *Le Travail intenable*, La Découverte, 2010.

Les salariés que je rencontre parlent toujours du travail. Ils en parlent toujours autant, mais ils expriment de plus en plus de difficultés. Beaucoup de ceux que je rencontre me disent : « C'est intenable, je vais partir. » C'est vrai dans les métiers du soin, mais ce ne sont pas les seuls. En cause toujours : les rémunérations, l'absence de temps pour bien faire, la perte de sens. Ce qui remonte souvent aussi, c'est cette question de ne pas avoir de prise, de subir. Je ne fais pas un déplacement dans un Ehpad sans que les travailleuses me confient : « On n'en peut plus des plannings. Ils changent tous les jours. Chaque semaine il va y avoir deux, trois changements. On doit pallier et compenser des absences pour maladie, pour imprévus. Les effectifs sont tellement restreints que ça fragilise vraiment tout le reste de l'équipe. » Les changements incessants d'emplois du temps perturbent leurs vies. « C'est un casse-tête pour mes enfants, l'organisation de ma garde. Et puis pour ma vie perso, mes week-ends. Mes formations sont annulées. Un week-end sur deux, je dois venir bosser sans que ce soit prévu. Mais en fait, les services ne tournent pas si je ne viens pas. » Voilà ce qu'elles disent. Elles pointent les difficultés non seulement pour les résidents, mais aussi pour l'articulation de leur propre vie professionnelle et personnelle. Par égard pour les résidents, elles subissent et puis… elles craquent. Les cadres qui élaborent les plannings sont dans la même souffrance. Pour eux aussi, c'est un vrai casse-tête. Ils n'ont pas les moyens, tellement d'imprévus à gérer. Finalement, cela tient parce que les personnels aiment leur travail et veulent le faire correctement. Mais ce socle est en train de s'abîmer. Des professeurs aussi craquent : « Je n'en peux plus, j'ai l'impression de mal faire mon boulot, de mal transmettre mes savoirs, de ne pas avoir suffisamment le temps de m'occuper des élèves. Je n'ai pas le temps de parler avec les parents. » Il faut plus de moyens, bien sûr. Mais il faut aussi donner la parole aux professionnels. Il faut leur donner des marges de manœuvre locales. Par exemple, dans la fonction publique hospitalière, tout est décidé au ministère. Tout est décliné de façon unilatérale. Dans le Ségur de la santé, la grande négociation après le Covid, nous avons porté cette idée de discussions et de négociations locales. Il est essentiel de faire confiance au dialogue, d'ouvrir des discussions sur l'organisation du travail, la composition des équipes. Ce n'est toujours pas en place.

Il faut retrouver des espaces d'expression sur le travail en tant que tel, comme le prévoyaient les lois Auroux en 1982. Cela n'a jamais vraiment été mis en œuvre. Il faut imaginer des espaces de discussion entre salariés. Ce serait un peu comme une convention citoyenne d'entreprise ! Il s'agirait de faire émerger des solutions aux problèmes que peuvent rencontrer les salariés. Il faut évidemment tenir compte de ce qui émergerait de ces discussions. Il faut des engagements, que les managers en tiennent compte (soit la direction dans un projet plus global, soit les instances représentatives du personnel dans une négociation). Le travail change. Le syndicalisme aussi. Le rythme des évolutions n'est plus le même. Des militants me racontent souvent que les restructurations perpétuelles sont devenues un mode d'organisation. Elles sont devenues le quotidien. L'organisation classique d'une entreprise est désormais d'être en restructuration quasi permanente. Les anciens témoignent : « On a connu un ou deux plans sociaux dans notre vie. » Maintenant, les plans de départ se succèdent. Le fait que l'on puisse avoir une discussion dans les entreprises sur l'organisation du travail, et des négociations sur ce sujet, est une revendication de la CFDT depuis des années. Mais c'est un sujet sur lequel nous n'arrivons pas à amener les organisations patronales, qui considèrent que c'est la prérogative du seul employeur. Il est essentiel, en tant que syndicaliste, d'associer vraiment les salariés, de leur permettre de participer à ces transformations. Cela prendra du temps. Mais nous ne baisserons jamais les bras.

Le Covid a été un révélateur très brutal de ce que peut être le rapport au travail. Un des premiers sujets qui ont émergé est la question du rapport au temps de travail, de sa place dans la vie. Le problème des équilibres entre temps au travail, temps familial, temps pour soi est devenue central. Le Covid a aussi été un révélateur du travail invisible de millions de personnes qui étaient en première ligne (soignants et corps médicaux, aides à domicile, toutes celles et ceux en charge du soin, qui allaient travailler dans des conditions dangereuses). Aujourd'hui, tous les métiers dits de deuxième ligne attendent toujours d'être reconnus. Il reste encore des métiers que l'on ne veut pas voir (agents de sécurité, de nettoyage, assistantes maternelles, employés de la grande distribution), sans blouse blanche et faiblement diplômés, mais sans lesquels la société ne peut pas tourner. Les États-Unis ont alors connu la grande démission. En France, nous avons connu une grande déception. La grande déception, c'est que les gens qui étaient en télétravail, qui ont travaillé comme des fous, n'ont pas reçu la moindre reconnaissance. Tout ce que nous avons traversé a été extrêmement éprouvant, nous avons su collectivement nous adapter et être au rendez-vous. Et pourtant, il ne s'est rien passé. Pas de reconnaissance des métiers qui avaient pourtant tenu la société, pas de changement d'organisation. Le monde d'après dont nous avions tant rêvé était finalement le même qu'avant. Certains salariés ont aussi réfléchi autrement à leurs conditions de travail. Je crois que ce sont 200 000 personnes qui ont quitté la restauration pour aller travailler dans la logistique après le Covid. Pour une raison très simple : quitte à gagner le SMIC, autant avoir ses soirées et ses week-ends. Ces choix de vie sont très compréhensibles. On est loin des clichés sur les gens qui n'auraient plus envie de travailler. Aujourd'hui, les aspirations nouvelles doivent être mieux intégrées. C'est la question de la place du travail dans la vie en général. C'est celle de la société du temps choisi, celle que l'on appelle de nos vœux.

Pour la CFDT, cela passe par le compte épargne-temps universel. Comment intègre-t-on les étapes de la vie ? L'idée est d'avoir du temps que l'on puisse mettre sur un compte non monétisable : je place du temps et je prends du temps. Ce compte épargne-temps universel est lié au temps de travail, mais n'est pas lié à l'entreprise. On place du temps sur ce compte comme une banque, et on dispose de ce temps. Du temps pour une formation, une reconversion, un changement d'orientation, un projet citoyen, un projet d'engagement dans une association, un projet personnel, un projet de voyage, du temps pour soi parce qu'on a besoin de s'occuper de ses parents… Ce temps, je peux le mettre en fin de carrière pour partir plus tôt à la retraite. Cela existe déjà dans de grosses entreprises. Notre idée est de le rendre accessible à toutes et à tous, quelle que soit l'entreprise, publiques et privées confondues. Ce temps est géré par un organisme extérieur à l'entreprise ou à l'administration. Je pense que c'est une aspiration parfaitement en phase avec l'évolution de la société.

Ce qui a changé aussi, ce sont les écarts de rémunération qui ne cessent d'augmenter. Nous avons toujours prôné le principe de favoriser la négociation et d'obtenir les meilleures augmentations de salaires possibles dans les entreprises. Au congrès de la CFDT en 2018, j'ai porté l'idée qu'il fallait une loi qui encadre les écarts maximaux de salaires. Une loi qui impose des négociations dans chaque entreprise pour définir ces écarts. Une négociation sur ce sujet permettrait d'avoir une discussion dans les entreprises sur les écarts acceptables entre les salariés d'une même entreprise qui contribuent à un objectif fondamental commun. Une façon de poser le débat sur le partage de la valeur. Les écarts de rémunération sont devenus tels que des gens qui travaillent dans une même entreprise ne vivent plus dans la même réalité. J'ai longtemps pensé qu'à un niveau de rémunération confortable on pouvait s'en satisfaire. En fait, non. C'est totalement incompréhensible pour moi. J'ai aussi longtemps pensé que nous pourrions contenir ces écarts salariaux par le dialogue et l'action des représentants du personnel. Pour une organisation faisant du dialogue et de la négociation sa marque de fabrique, cette revendication d'une loi peut surprendre. Certains, en interne, l'ont d'ailleurs trouvée brutale. Certains l'ont qualifiée d'« archaïsme législatif »... Mais depuis quelques années, la donne a changé. Les plus hautes rémunérations ne progressent plus en proportion des gains ou de la masse salariale mais bien au-delà. Tirons-en les conséquences. Les mécanismes de droit « non contraignants » n'ont pas fonctionné. Nous ne pouvons plus nous contenter d'être les observateurs contrits de ce creusement des inégalités. Il y a des abus. Et ils sont injustifiables et inacceptables. Nous avions proposé, avec d'autres syndicats, il y a quelques années, qu'aucun patron ne puisse gagner plus de 100 SMIC, soit 1,75 million d'euros par an. Et ce qui me frappe, pour avoir animé le réseau des administrateurs salariés de la CFDT pendant plusieurs années, c'est de constater à quel point ce sujet avance lentement. La place et le fonctionnement des conseils d'administration sont essentiels. La présence des salariés y est fondamentale. C'est un des moyens de peser sur les stratégies d'entreprise, de faire en sorte que les questions de travail s'y invitent. C'est porter la voix du travail à égalité de celle du capital. Il faut donc plus de représentants du travail pour mettre justement en avant les réalités concrètes. Il faudrait arriver, comme en Allemagne, à 50-50 entre capital et travail.

Parler du travail, c'est parler de la vie de millions de personnes. C'est un sujet intime, social, politique. Le travail ne doit pas être le sujet des seuls syndicalistes. Les politiques doivent aussi en parler plus. Souvent, ceux qui le font en ont une vision misérabiliste. Ils ne parlent que des ouvriers licenciés, de ceux qui souffrent. Une vision à la Zola. Les travailleurs que je représente n'ont pas envie que l'on parle de la valeur travail, des efforts à faire ou encore du droit à la paresse. Ils veulent que l'on parle de leur situation concrète, de leurs difficultés à tenir les fins de mois, de leur angoisse de perdre leur emploi, de leur peur de ne pas réussir à bien faire leur travail, de leur volonté de progresser, d'être reconnus, respectés. Dans le débat public, le travail est souvent caricaturé. Entre l'aliénation et le droit à la paresse, je pense que l'on peut en dire autre chose. Je pense que l'on peut mieux et plus en parler. Je pense que l'on devrait être plus nombreux à s'y intéresser. Certains le font, sincèrement. François Ruffin, par exemple, s'intéresse à ce sujet. Et il en parle bien parce qu'il s'intéresse aux gens. Mais ils sont très peu nombreux. Trop peu nombreux.

La défense de l'environnement a guidé ma vie

Je ne sais pas comment cela a commencé. Ai-je acquis une conscience écologique par mes études, ou ai-je fait des études scientifiques parce que j'avais une conscience écologique ? Je ne pourrai pas le dire. C'est un appétit de comprendre le monde et le vivant qui m'a menée sur cette voie. J'avais d'abord essayé le concours d'entrée en pharmacie. Je cherchais à comprendre comment l'Homme pouvait s'appuyer sur la nature pour se soigner. J'étais passionnée par la botanique et par la découverte du monde vivant, en particulier végétal. Ma marotte suivante fut la physique des matériaux, la cristallisation. Comment un matériau pouvait croître en fonction des conditions de température et de pression, cela me fascinait. J'ai une formation de chimiste et j'ai beaucoup étudié la biologie aussi. La compréhension scientifique du monde vivant m'a très vite fait découvrir que tout est une question d'équilibre(s). J'ai aussi suivi des cours sur la façon dont les sciences et techniques s'inspirent de phénomènes naturels pour créer des innovations technologiques : le biomimétisme, je trouve ça très inspirant. Puis j'ai fait une maîtrise sur l'environnement. Je voulais comprendre la puissance et l'efficacité de certains phénomènes naturels et l'hypervulnérabilité des milieux naturels vis-à-vis de l'activité humaine. L'écologie politique m'intéressait. Avec mes camarades d'université, nous suivions ces questions attentivement. J'étais passionnée par la construction du droit de l'environnement. Il s'est étoffé petit à petit. 1992 fut une grande année, j'avais 16 ans. En janvier est adoptée la loi sur l'eau ; l'eau est reconnue comme faisant partie du patrimoine commun de la nation. Puis, c'est le sommet de Rio qui fait émerger le concept de développement durable. En juillet, c'est la loi déchets qui impose pour la première fois aux entreprises de recycler leurs déchets. C'est l'instauration du principe pollueur-payeur. La loi Lepage en 1996 est la première sur la qualité de l'air et l'utilisation rationnelle de l'énergie. Le code de l'environnement est créé en septembre 2000. J'ai baigné dans ces sujets à l'époque de mes études. Ma conscience écologique s'est affutée à ce moment-là. Cette approche scientifique m'est restée. Je m'interroge beaucoup sur la place des sciences actuellement, a fortiori dans l'espace politique. J'ai participé cet hiver à un débat formidable au Collège de France avec Chris Bowler, directeur de recherche au CNRS, dans le cadre de la Cité de la réussite, intitulé « Comment sortir de l'impasse climatique ? ». C'était passionnant. Quand la parole scientifique est remise en question, concernant les vaccins ou le climat par exemple, cela m'inquiète pour notre société. L'arrivée de l'administration Trump renforce l'importance de protéger tous les scientifiques et leurs travaux pour prévenir ce nouvel obscurantisme scientifique et climatique. J'ai d'ailleurs immédiatement affirmé mon soutien au mouvement Stand Up for Science.

La défense de l'environnement a guidé ma vie. Si j'ai choisi la CFDT, c'est aussi parce que c'était le syndicat le plus « écolo », le plus avancé sur ce sujet. En 1977, la CFDT a publié un texte prémonitoire. Il s'intitulait *Les Dégâts du progrès*. C'était une réflexion collective issue de divers univers professionnels sur les innovations technologiques et l'appauvrissement des ressources naturelles. L'envers du décor du progrès technique en quelque sorte. Cet ouvrage était la synthèse d'une réflexion de fond sur la société de l'époque : chacun se sentait dans un monde de plus en plus complexe et avait le sentiment que la maîtrise des choix techniques était impossible. Il regroupait à la fois des témoignages d'équipes, des réflexions d'ouvriers, de chercheurs, d'enseignants. À la fédération chimie énergie, en 1997, on parlait déjà du développement durable. C'est cette culture qui m'a séduite. Cela doit continuer. Je veux faire de la CFDT le premier syndicat vert, et il est utile de constamment questionner le progrès et ses conséquences.

L'écologie est plus qu'un sujet majeur, c'est un élément de transformation profonde de la société et du travail. Je suis persuadée que les travailleurs sont une clé de réussite de cette transformation. Des équipes syndicales réfléchissent à l'adaptation au réchauffement climatique. Je pense par exemple aux militants d'Éram, qui travaillent régulièrement dans des ateliers où il fait cinquante degrés. Ils se mobilisent pour trouver comment l'entreprise pourrait réduire son empreinte environnementale et son impact carbone. Nous travaillons aussi, à la CFDT, à proposer des plans de transports collectifs. Mobiliser les équipes militantes sur ces sujets est un de mes objectifs. En décembre 2023, nous avons publié un manifeste sur la transition écologique juste, qui multiplie les propositions « pour des transformations réalistes, effectives et plus de justice sociale ». Nous n'avons plus le choix. La planète, ou plutôt son habitabilité, est en danger. « Il s'agit de nous imposer cette transformation parce qu'il en va de la survie de l'humanité », stipule notre manifeste. Mais la transition écologique doit se faire avec les travailleurs et elle doit être juste. « La transition écologique juste repose sur deux piliers : l'impératif de justice sociale et de démocratie. Tout le monde n'est pas exposé de manière égale aux désordres écologiques. Il faut donc hiérarchiser les actions, en répartissant équitablement les efforts et en aidant les plus vulnérables. Les transformations écologiques ne peuvent se faire sans justice sociale : c'est la condition pour qu'elles soient acceptées par tous et réellement mises en œuvre », affirme ainsi ce texte fondamental pour la CFDT. C'est aussi un levier pour résorber les inégalités (précarité énergétique, accès difficile à une alimentation bio ou aux transports publics, etc.). Il faut anticiper. Comment amorce-t-on le changement de modèle économique en intégrant la décarbonation ? On peut agir de l'intérieur, mobiliser le moteur de changement et de transformation que sont les salariés. C'est aussi le rôle des syndicalistes. Comment anticipe-t-on les impacts sociaux quand il faut transformer ? Ce qui se passe dans la filière automobile est exactement ce que l'on redoutait : une filière qui n'est pas prête, qui dit que c'est la faute de l'Europe, qu'il y a trop de normes, que le calendrier est trop serré, qui a pensé « technologie » sans réfléchir aux usages réels. Comment je charge ma voiture électrique quand j'habite en immeuble ? Des donneurs d'ordre staffés mais des sous-traitants qui ne peuvent pas avancer, des ressources qui manquent, c'est là que l'on se trouve dans l'impasse et que vient la casse sociale. Nous avons alerté, mais en vain. Comme c'est un enjeu majeur et que cette transformation écologique s'impose, je pense qu'il est bon que les salariés prennent la main, qu'ils puissent y participer, prendre leur part et apporter leurs idées. Sinon, le risque est que des entreprises s'en tiennent à : « Plutôt que de sécuriser et former les personnes, on ferme et on embauche des gens formés. » Penser le syndicalisme dans une perspective écologique et climatique, c'est aborder de front la protection, l'adaptation et la résilience. C'est admettre avec réalisme qu'il y aura des perdants et des gagnants et que notre rôle est d'assurer justice et justesse. C'est aussi mobiliser les moyens (formation, politique industrielle, investissements) pour construire du progrès social dans cette transition. Comment gérer le travail pendant les épisodes de crues ou de mégafeux ? Comment sécuriser nos services publics de la santé ou de la mobilité pendant les pics de chaleur ou de pollution ? On est loin de la théorie.

Je veux vraiment faire de la CFDT le premier syndicat engagé sur les questions écologiques et les modèles post-carbone. C'est aussi une très bonne façon d'intéresser et de mobiliser nos adhérents, notamment les plus jeunes.

Pour eux, un syndicat doit nécessairement avoir quelque chose à dire sur l'écologie. À la CFDT, nous avons construit un réseau baptisé « les sentinelles vertes », ils sont de tous les horizons professionnels avec différents niveaux de formation, leurs parcours militants sont très divers. Je les rencontre régulièrement. Ce sont les militants les plus en pointe dans la défense de l'environnement, souvent des cadres mais pas uniquement. Notre enjeu, c'est de proposer une écologie populaire. Lors des dernières élections, les militants d'Airbus ont fait une campagne en partie sur l'écologie, ils ont progressé, même dans les secteurs exposés. Le vrai risque, c'est de ne pas en parler : quand on met le sujet environnemental sous le tapis, il ressort toujours en faisant des dégâts. J'ai été sollicitée par les militants CFDT de TotalÉnergies pour parler transformation écologique et climat. Un salarié m'a interpellée :

— Je travaille dans une station-service. S'il n'y a plus de carburant, je fais quoi ?

— On va réfléchir ensemble. Est-ce que ton boulot change si tu t'occupes de bornes électriques ?

— Fondamentalement, non. Mais est-ce que je saurai faire ? Quel avenir me proposes-tu ?

— La réponse, c'est l'anticipation et en partie la formation, parlons-en.

La transition écologique peut faire peur, elle peut faire craindre des destructions d'emplois.

Mais elle peut aussi être une opportunité, un gisement de nouveaux métiers, de relocalisations, de nouveaux modes de consommation basés sur le service plutôt que sur la détention des biens. Cette économie de la fonctionnalité, l'économie circulaire, la réparation, ce sont des emplois, et pas qu'un peu. Les travailleurs ont tous vu les images de Valence en Espagne et les inondations dans le nord de la France. Ils sont prêts à comprendre, plus sûrement, ils ont déjà compris, mais il faut leur parler des évolutions du travail et de la société, pas uniquement des conséquences et des risques. Je mise sur l'intelligence collective. C'est plus difficile, les impacts sont plus directs et concrets quand on est salarié chez ExxonMobil que quand on travaille chez Capgemini, j'en suis consciente. Il faut emmener tout le monde, anticiper les changements, former les salariés. Et réfléchir à toutes les questions, même celles qui paraissent éloignées.

On a commencé à réfléchir aux droits de la nature. Une entreprise a fait entrer « la nature » dans son conseil d'administration pour défendre ses droits. L'idée est d'être en quelque sorte un garant de son respect. Est-ce que les élus du personnel sont légitimes pour défendre la nature ? Faut-il faire entrer des représentants de la nature en tant que telle ? Le concept juridique d'écocide en est directement tiré. Ce n'est pas une approche isolée que de faire de la nature une « personnalité juridique ». Autant de questions à se poser, mais c'est à coup sûr une méthodologie intéressante, à suivre…

Mais pour que la transition écologique et climatique soit acceptée, il faut qu'elle soit juste. L'écologie doit être populaire et comprise, ou ses solutions n'ont aucune chance de s'imposer. Les Gilets jaunes l'ont démontré. En discutant avec des équipes de la CFDT, j'ai vu monter le sujet des ZFE (zones à faibles émissions). Après les Gilets jaunes, surgit sur ce thème le mouvement des « Gueux ». La fédération des services m'alerte régulièrement : des travailleurs ont besoin de leur voiture pour travailler et constatent qu'avec la mise en place des ZFE ils ne pourront plus avoir accès à certains lieux. Ils disent : « On fait tout pour encore nous “emmerder”, on n'a pas les moyens d'acheter de l'électrique, ça coûte trop cher. » Concilier fin du monde et fin du mois, comme on le disait après la révolte jaune, reste l'objectif. La convention citoyenne sur le climat en a été un exemple fort. Il est regrettable que le jeu des lobbies qui a suivi ait largement vidé de leur sens les mesures proposées. Les citoyens sont parfois plus ambitieux que le législateur, surtout en matière environnementale.

C'est pour lier questions sociales et questions écologiques que nous avons créé avec 18 organisations le Pacte du pouvoir de vivre. L'ancêtre du

Pacte, c'étaient les « Places de la République ». Un groupe d'organisations né après les attentats de 2015 pour parler des enjeux de la démocratie, de la place des corps intermédiaires et des valeurs qui nous réunissent. Après les Gilets jaunes, nous avons décidé de franchir un autre cap, de faire la démonstration que l'on pouvait construire des propositions concrètes qui conciliaient écologie et social. Il fallait passer à l'exercice pratique. C'est comme ça que sont nées les 90 premières propositions du Pacte autour de la transition écologique, de la justice sociale, de la démocratie et des services publics. Aujourd'hui, le Pacte regroupe 65 organisations, a des groupes locaux, devient un mouvement citoyen. Citoyen mais pas politique. Le Pacte ne présentera pas de candidat. La transition écologique juste est une affaire trop sérieuse pour n'être confiée qu'aux seuls hommes et femmes politiques.

Le féminisme est un perpétuel combat

C'est presque devenu une habitude. Une mauvaise habitude. Depuis que je suis secrétaire générale de la CFDT, des journalistes, hommes et femmes, ne peuvent s'empêcher de commencer nos rencontres, nos interviews par un commentaire ou une question sur ma coupe de cheveux, mes boucles d'oreilles, ma tenue ou mon sourire. J'ai travaillé dans un univers très masculin, j'ai milité principalement avec des hommes. J'ai baigné là-dedans et je sais quels peuvent être les comportements vis-à-vis des femmes. Mais je ne m'attendais pas à ce qu'à l'extérieur je sois confrontée à ce type de commentaires. Je ne m'attendais pas à ce que diriger le premier syndicat de France et être une femme soit à ce point un sujet. À la CFDT, être une femme ou être un homme, cela ne fait pas de différence. Depuis que je suis secrétaire générale, je n'ai jamais eu de remarque ou de commentaire sur le fait que je sois une femme. Je ne suis pas Laurent Berger ou Nicole Notat. J'ai mon style. Je pilote la maison à ma façon. Les militants et militantes le reconnaissent. Mais le fait que je sois une femme peut faire la différence pour certains de mes interlocuteurs. J'ai eu des commentaires sur mes tenues de la part d'employeurs, certains se sont même aventurés à évoquer mon « charmant sourire ». À coup sûr, une rencontre qui démarre ainsi ne présente que peu d'intérêt.

Le féminisme, je l'ai reçu en héritage. Fervente admiratrice de Simone Veil, ma mère est féministe. Elle l'est et le revendique avec fierté. Je l'ai toujours entendue défendre les droits des femmes, et notamment leur droit à disposer de leur corps. Cette liberté de choisir quand et si on veut avoir des enfants m'a toujours été présentée par ma mère comme une conquête fondamentale qui a révolutionné la vie des femmes. Sa génération a pu en être témoin. Comme des millions de jeunes filles, je suis aussi devenue féministe au contact de grandes figures en les regardant, en les écoutant, en les lisant. Simone de Beauvoir et Simone Veil m'ont beaucoup marquée. Je me rappelle avoir vu, enfant ou adolescente, en rediffusion, le discours de Simone Veil sur l'IVG à l'Assemblée ; j'avais été impressionnée. Je ne comprenais pas pourquoi elle se faisait tant conspuer. Puis il y a eu Gisèle Halimi, viscéralement animée par le combat contre les injustices. Quel courage. Je pense que cette période, les années 1970 et les procès sur le droit à l'avortement, a beaucoup marqué ma mère.

Enfin, dans le syndicalisme, le féminisme était une évidence. La CFDT fait partie de cette mouvance qui, dans les années 1960 et 1970, a défendu le droit des femmes. J'ai toujours trouvé intéressant que dans la CFDT on ait ces figures féminines qui portent à la fois le combat à l'extérieur et à l'intérieur. Jeannette Laot militait ainsi au planning familial, était à la commission exécutive et s'occupait du cadre de vie. À l'époque on confiait ça aux femmes. Les questions de la condition féminine, du droit des femmes à disposer de leur corps ont été en quelque sorte autorisées par la CFDT parce que Jeannette militait au planning familial. Elle faisait vraiment le lien entre le quotidien des travailleuses et le fait de défendre ces droits-là. Et puis, ce que j'aimais avec Jeannette, c'est qu'elle a toujours été exigeante dans ses combats féministes, mais aussi dans son combat à l'intérieur même de la CFDT. Ce n'était pas toujours facile. Elle avait quasiment autant besoin de convaincre à l'extérieur que dans la confédération. Elle a toujours été extrêmement cash sur le fait que ce n'était pas un long fleuve tranquille. C'est grâce à ces combats menés en interne par ces générations de femmes militantes avant nous que Nicole est devenue secrétaire générale en 1992. Première femme secrétaire générale d'une organisation syndicale ou patronale.

D'autres lui emboîteront le pas ensuite. Mais il faudra attendre 2005 côté patronal et 2023 côté syndical. Le féminisme dans la CFDT est un travail continu, qui ne doit pas s'arrêter. La vigilance doit rester de mise. Au printemps 2024, nous avons publié un manifeste féministe proclamant que « nous nous engageons à rendre réels les principes d'égalité inscrits dans la loi et à obtenir de nouveaux droits pour les femmes [...]. La CFDT lutte pour l'émancipation des femmes et s'emploie au quotidien à déconstruire les stéréotypes ». Ce texte a été un moment de clarification. Nous y avons écrit ce que nous n'avions jamais dit de façon aussi claire, par exemple sur la pornographie ou la prostitution (« La CFDT défend une position abolitionniste vis-à-vis du système prostituteur. "Ni un travail, ni du sexe", nous considérons le système prostitutionnel et l'industrie pornographique comme des violences »). L'enjeu est donc de continuer à faire vivre ce manifeste. Nous devons aussi progresser sur l'accès des femmes à des postes de responsabilité dans l'organisation. Ce n'est parce que le secrétaire général est une femme que la mission est accomplie. Je ne veux pas être l'arbre qui cache la forêt. C'est un travail permanent. Je ne me prive jamais de le dire aux femmes que je rencontre : la CFDT est un syndicat d'adhérentes. Je ne suis pas une anomalie. Je ne suis pas une exception. Je m'inscris dans une suite logique.

Le syndicalisme est aussi fait pour les femmes. Partout. D'ailleurs, en France, les deux premiers syndicats sont aujourd'hui dirigés par des femmes. Cela aide que la CFDT comme la CGT soient dirigées par des femmes. La presse en a beaucoup fait sur Sophie et moi, sur l'arrivée de deux femmes à la tête des deux premières organisations syndicales. Nous ne sommes pas intimes et nous parlons très peu de nos vies. Nous ne sommes pas du tout sur un registre personnel. Je ne le suis d'ailleurs avec aucun responsable syndical. Ma vie privée, je n'en parle jamais. Question de protection. Avant que Sophie ne devienne secrétaire générale de la CGT, je la connaissais très peu. Je l'avais croisée à deux ou trois réunions, notamment au ministère du Travail époque Muriel Pénicaud, sur les questions d'égalité femmes-hommes. Son élection est un événement à la CGT : une femme, cadre, jeune. C'est un énorme changement qui va dans le bon sens.

Je vois Sophie dans les jours qui suivent mon élection. Nous parlons du climat social global, des retraites. Et des relations que nous souhaitons entretenir l'une avec l'autre. Nous nous disons d'emblée que nous nous appellerons dès que la situation le nécessitera. Depuis, nous nous parlons régulièrement. Je lui dis tout de suite que j'aimerais qu'on travaille ensemble sur deux sujets : la lutte contre les idées d'extrême droite et l'avenir du syndicalisme. Nous évoquons aussi l'intersyndicale. Certaines organisations veulent la mettre en sommeil, Sophie et d'autres responsables voudraient au contraire qu'elle demeure. Sur certaines questions, Sophie et moi intervenons ensemble, faisons des interviews, signons des tribunes toutes les deux. Car nous sommes les responsables des deux premières organisations syndicales. Sophie est une femme de conviction. Nous partageons l'essentiel, dans la période, la même vision du danger des idées de l'extrême droite. Et pour cela, nous avons aussi deux points communs, nous savons que nous avons du travail à faire dans nos propres organisations et que le syndicalisme doit évoluer pour s'adapter aux changements actuels. Nous sommes loin d'être d'accord sur tout, mais nous pouvons en discuter entre nous en toute confiance. Au regard des tensions fortes de son dernier congrès, je pense que la CGT a de la chance aujourd'hui de l'avoir comme responsable. Elle est à la fois lucide, courageuse et extrêmement déterminée, notamment à faire évoluer son organisation.

Le féminisme est une révolution perpétuelle. *Me Too* fut un moment de bascule. Enfin, on a dit aux femmes qu'on les croit, tandis qu'elles trouvent la force de dire haut et fort tout ce qu'elles ont subi ou subissent encore. Nous avons eu des cas de violences sexistes et sexuelles (VSS) à traiter en interne à la CFDT. Nous sommes à l'image de la société. Nous n'avons pas une cellule centralisée pour traiter les VSS : nous avons encouragé toutes les organisations à prendre en charge cette question et à définir un processus pour écouter les victimes, instruire, mener l'enquête, écarter les agresseurs. Il faut accepter qu'être CFDT n'est pas un vaccin contre ces comportements. Il ne suffit pas d'être une organisation féministe, dirigée par une femme pour être exemplaire. Il y a quelques mois se discutait en commission exécutive notre charte interne sur les VSS signée en 2020. Alors que nous débattions d'amendements, par curiosité j'ai demandé : « Mais qui a été formé à lutter contre les VSS ? » À peine la moitié de la commission exécutive l'avait été. J'ai donc tenu à organiser une formation générale. À l'issue de cette formation, un collègue de la commission m'a dit : « Tu sais, je n'ai plus le même regard sur ce sujet et je comprends plein de choses. » Que quelqu'un d'extérieur (puisque la formation était dispensée par un organisme indépendant) nous dise : « On le voit aussi dans les entreprises, dans les syndicats », c'était essentiel. Pour agir efficacement. Pour être collectivement exemplaires. Nous devons continuer d'avoir cette lucidité sur l'organisation. On entend encore parfois, à la CFDT, des propos du type : « Mais on ne peut plus rien dire, les mecs sont stigmatisés, etc. » La blague graveleuse, les commentaires insistants, les regards appuyés mal placés… Non, aujourd'hui cela n'est plus acceptable et ne doit plus être collectivement accepté. La libération de la parole des femmes est fondamentale. Le féminisme est un perpétuel combat.

L'art de la négociation

C'était ma première négociation. Je venais de commencer à la fédération chimie énergie et je m'occupais de la branche papiers-cartons. Une branche de 70 000 salariés comptant huit conventions collectives qui définissent leurs droits. C'était début 2009. La CFDT avait à l'époque la mauvaise habitude de considérer que l'on naît tous négociateurs. Je me suis donc lancée. Je découvrais le fond et la forme. C'était un moment important pour la branche. On négociait pour quatre conventions collectives en même temps (production et transformation pâtes à papier ouvriers, employés, techniciens et agents de maîtrise, et cadres). Ça s'annonçait ardu : la chambre patronale venait de dénoncer l'accord sur le temps de travail, il ne nous restait que dix-huit mois pour négocier un nouvel accord. Bref, rien n'était acté. Le dossier était complexe et sensible. Mais ça ne me faisait pas peur. J'étais là pour défendre les droits des travailleurs, essayer de les améliorer. Je découvrais le décorum d'une négociation : 60 personnes autour de la table, j'étais la seule femme ! J'étais la cheffe de file de la CFDT. Les cinq syndicats représentatifs étaient là, dix par délégation. Et le patronat aussi évidemment. C'était impressionnant. Nous avons négocié et malheureusement nous avons échoué. Il n'y a pas eu d'accord. La chambre patronale voulait plus de souplesse, plus de flexibilité. Socialement, ce n'était pas acceptable. Cela ne veut pas dire que nous avons perdu. Il valait mieux qu'il n'y ait pas d'accord de branche au rabais pour que le sujet soit mieux négocié dans les entreprises. C'était âpre, compliqué. Mon baptême du feu.

Négocier, c'est prendre le risque de perdre. Mais c'est aussi parfois gagner et améliorer la vie des travailleurs. Dans la branche papiers-cartons, je me souviens que nous avions négocié une prévoyance lourde. Nous avions obtenu un contrat collectif pour tous les salariés, leur permettant d'être mieux indemnisés et plus longtemps en cas de gros pépin de la vie : un accident entraînant une invalidité ou une incapacité de travail, voire un décès. C'est très important pour les salariés et leurs ayants droit, les enfants, par exemple, qui peuvent en cas de décès d'un parent bénéficier d'une rente éducation et être sécurisés pendant leur scolarité. J'aime les négociations. J'aime beaucoup le travail de préparation avec les équipes, prendre le temps de décortiquer les textes. Il faut traduire chaque disposition en impact concret.

La première négociation nationale interprofessionnelle à laquelle j'ai participé se déroulait en 2014, elle concernait le dialogue social. Une tâche compliquée puisqu'il s'agissait de réformer les règles du dialogue social dans l'entreprise, rien que ça. Cela n'a pas abouti. Il faut dire que les circonstances n'ont pas aidé : nous commençons en septembre 2014, en janvier 2015 l'affaire Lepaon [1] éclate et nous échouons dans la foulée. Pourquoi la négociation a-t-elle échoué ? Elle avait été ouverte à la demande du gouvernement, avec comme objectif de moderniser le dialogue social. En gros, nous voulions moderniser, les employeurs voulaient diminuer les moyens du dialogue social. Nous n'avions pas les mêmes objectifs ni les mêmes visions. La deuxième négociation nationale que j'ai pilotée est celle sur l'assurance chômage en 2018. À peine démarrée, surviennent les Gilets jaunes. Sur le fond, c'est la première négociation avec une trajectoire financière très dure à remplir. En effet, le gouvernement nous impose une trajectoire d'économie sur le régime de l'assurance chômage

1. Après des articles sur les travaux de rénovation de son bureau et de son appartement de fonction, le secrétaire général de la CGT démissionne (avant d'être blanchi quelques mois plus tard).

inégalée. Trois à 3,9 milliards d'euros d'économies sur trois ans, c'est inédit et extrêmement brutal. La négociation échoue car le gouvernement ne veut finalement pas qu'il y ait d'accord. C'est un artifice pour reprendre la main. Une négociation ne peut qu'être un échec quand un troisième acteur en coulisses nous savonne la planche.

Ne croyez pas que dès que je négocie, ça rate ! J'ai abouti à un accord sur l'encadrement en 2015. J'ai fait de belles négociations dans les conventions collectives. J'ai participé à la négociation sur le télétravail pendant le Covid. Une négociation en visioconférence. L'ambiance était singulière, il y avait urgence à inventer un modèle pour le télétravail, en pleine crise sanitaire. C'était très intéressant et ça a abouti. À l'automne 2024, j'ai dit que sur l'assurance chômage il fallait faire une « négo flash », en un mois. Cela a mis tout le monde dans les conditions d'aboutir rapidement à un résultat satisfaisant. Nous avons pris nos responsabilités, le contexte était particulier : le Premier ministre nous demandait de négocier et s'engageait à respecter notre accord. Vu ce qu'avait prévu le gouvernement Attal pour durcir les droits des chômeurs, construire un accord avec le patronat, meilleur pour les principaux concernés, était un vrai enjeu. Nous avions tous en tête l'importance de trouver un accord. Je n'ai pas piloté cette négociation, car les numéros un des organisations ne participent jamais aux réunions. Ce sont nos équipes, les responsables du dossier qui négocient. Nous échangeons régulièrement sur le contenu des discussions, les avancées, les points de blocage, les voies de passage. Et nous décidons démocratiquement de signer ou non l'accord final en Bureau national.

Les syndicalistes sont différents les uns des autres. Les patrons aussi. Il y a mille et une façons de diriger une entreprise. Si le syndicalisme existe, c'est parce qu'on ne défend pas les mêmes intérêts. On peut avoir des enjeux communs dans une entreprise, mais il y a aussi des intérêts divergents. Le syndicaliste est là pour défendre les droits des travailleurs, faire respecter le droit du travail. Il faut défendre ses droits, en construire de nouveaux. Cela se fait avec les patrons. Ils sont plus ou moins ouverts, ils dirigent de façon plus ou moins verticale, ils ont des visions différentes du rôle de l'entreprise, de ce à quoi elle sert. Il faut faire avec. On ne choisit pas son patron mais on choisit de négocier ou pas. Il y a autant de patrons qu'il y a de réalités d'entreprises. Souvent on parle des entreprises uniquement comme de celles du CAC 40, qui ont des milliers de salariés. Mais 80 % des entreprises en France sont des petites entreprises, des TPE. C'est pour ça qu'il faut partir du réel. Avoir des grands slogans et taper sur les grosses structures en disant que c'est scandaleux, qu'il faut prendre l'argent là où il est, c'est bien, mais la réalité est plus complexe que cela.

Finalement, qu'ai-je appris dans ces négociations ? D'abord qu'il faut connaître les dossiers sur le bout des doigts. La technicité et l'appropriation des sujets sont indispensables. C'est un travail d'équipe, on se répartit les rôles, ce qui permet de ne pas foncer tête baissée, d'avoir du recul. Dans l'équipe, on a des compétences différentes. Être plusieurs, ça aide. J'ai appris aussi à essayer de trouver les meilleurs chemins pour aboutir à un accord. Cela nécessite du temps, notamment pour connaître ses interlocuteurs, accorder ou réserver sa confiance. Je garde souvent en tête cette expression : débattre, c'est accepter de se laisser convaincre. Cela ne peut se faire sans connaître ses interlocuteurs et leurs objectifs. Il faut savoir construire un compromis, pas à pas, dans le respect. Autre leçon : rien n'est jamais conclu avant le dernier mot. Chacun défendant son « bout de gras », on a quand même des intérêts différents. Il faut se battre jusqu'à la dernière minute. Ne jamais lâcher avant la fin. La négociation est un art.

Démonstration par la preuve avec les retraites. Lorsque Emmanuel Macron et Élisabeth Borne annoncent leur réforme et les fameux 64 ans, il n'y a pas de négociation. C'est à prendre ou à laisser. Ce sera à laisser. Nous manifestons pendant des mois. En vain. Il faudra attendre deux ans pour que le texte soit enfin discuté. Tout a commencé le vendredi 17 janvier 2025. La réunion de la méthode en quelque sorte. Pour qu'une négociation ait une chance d'aboutir, il faut qu'elle soit structurée, cadrée, que tous les acteurs se mettent autour de la table et acceptent les conditions de la discussion.

Ce vendredi matin, syndicats de salariés et organisations patronales sont réunis autour du Premier ministre et de quelques membres du gouvernement. François Bayrou est le premier à prendre la parole : « Il y a un grand scepticisme ambiant, un idéalisme à avoir. On est à un moment de choix. Il faut éviter les blocages de posture. Il faut aller sur le fond. Le dialogue social permet d'avoir plus d'ouverture et de souplesse, d'avoir une bonne connaissance réciproque. De ne pas aller dans l'affrontement. Je veux un constat indiscutable. » Il nous annonce qu'il va demander un diagnostic financier à la Cour des comptes, qui sera rendu le 19 février. « Toutes les organisations peuvent poser tous les sujets, toutes les questions, dire leurs inquiétudes, leurs zones d'inconfort. Chacun a le droit d'ouvrir et de mettre en débat la question qu'il souhaite. » Il évoque « l'usure professionnelle, l'articulation travail-retraite ». Chaque organisation vient avec ses points clés, sa méthode. Ce sont toujours les syndicats qui commencent une telle réunion, par ordre d'importance, et donc je suis la première à intervenir. Mon message est simple : « Enfin s'ouvre une discussion sur les retraites, on le demande depuis deux ans. C'est une opportunité importante que l'on saisira pour obtenir des avancées concrètes sur l'âge légal, la pénibilité et la retraite des femmes. Sur la méthode, il faut partir d'un diagnostic financier partagé (pas de bidouillage, mélangeant les retraites des fonctionnaires et du privé, inventant un déficit caché...). Il faut aussi poser un diagnostic social : la réalité de l'impact du décalage de l'âge légal de 62 à 64 ans, pour ceux qui ne peuvent y arriver soit parce qu'ils sont sans emploi, soit parce que leur santé ne leur permet pas de tenir deux ans de plus, et documenter les inégalités femmes-hommes. Nous acceptons de discuter pendant trois mois, afin qu'un texte puisse être soumis au Parlement. » Au fur et à mesure de la réunion, se dessinent deux camps syndicaux. Ceux qui pointent les thèmes de discussion à ouvrir dans la perspective d'un accord possible. Et ceux qui ne pointent que les obstacles à la discussion. Côté patronal, c'est compliqué. Plus que les thèmes utiles, les organisations partagent leurs inquiétudes sur les dernières données économiques, l'exigence de la concurrence internationale, le besoin d'améliorer la compétitivité... Belle entrée en matière. Pour l'anecdote, la FNSEA fait partie de la délégation patronale. Son représentant nous confie sa fatigue après une nuit passée auprès de l'une de ses vaches en train de vêler. Il nous invite à partager nos propositions de noms pour ce veau, sachant que c'est l'année des « A ». Elles fusent immédiatement « Accord ! », « Abrogation ! »... Le Premier ministre semblait, lui, plus intéressé par la race et la couleur du veau. Après le tour de table, le Premier ministre reprend la parole et nous informe qu'il souhaite un atterrissage de nos discussions trois mois après la remise du rapport de la Cour des comptes. Il insiste sur la confidentialité des travaux, la nécessité d'informer les partis politiques. Rien n'est très clair, pas même le nom du « conclave » ! On n'en sait pas beaucoup plus en sortant de la réunion qu'en y entrant. Mais la négociation est lancée. Le Medef est-il prêt à bouger sur les 64 ans ? C'est la clé. Je ne peux accepter une négociation si les 64 ans ne sont pas débattus. On ne peut pas avoir manifesté pendant six mois pour rien. Place à la discussion.

Rendez-vous en 2027

Dès que je le peux, je passe du temps en famille, je déconnecte. C'est ce que j'avais choisi de faire ce dimanche 16 mars 2025. Je n'ai donc pas écouté le Premier ministre en direct. Mais très vite, Yvan Ricordeau, qui pilote le dossier retraites, m'appelle car les journalistes le pressent de réagir. François Bayrou vient de planter le « conclave » retraites en affirmant sur France Inter que « non », il n'y aura pas de retour à l'âge de départ à la retraite à 62 ans, en raison du « contexte international ». Il avait pourtant promis de nous laisser la main, de ne pas intervenir dans nos discussions. Et voilà qu'il nous « recadre », qu'il nous dicte une conduite et nous empêche d'abandonner les fameux 64 ans qui ont mis le feu aux poudres. Comprenne qui pourra. J'avais demandé un rendez-vous avec lui quelques jours plus tôt et la date venait d'être arrêtée au mardi 18 mars… J'aurais ainsi l'occasion de lui dire notre mécontentement en face.

L'ambiance est donc assez froide lorsque Yvan et moi nous installons dans le bureau du Premier ministre, en fin d'après-midi, ce fameux 18 mars. Je mets directement les pieds dans le plat :

— Voulez-vous enterrer le conclave ? Ou voulez-vous nous laisser toutes les chances d'aboutir ?

François Bayrou, accompagné de la ministre du Travail, Astrid Panosyan-Bouvet, hésite, s'abritant derrière sa libre parole de « citoyen » :

— Je ne veux pas interférer. Je veux qu'un accord sorte de ces discussions. C'est essentiel pour la démocratie sociale, répond-il, embarrassé.

— Nous allons continuer les discussions, mais nous allons nous-mêmes fixer les règles, le calendrier, la feuille de route, les thématiques. Nous parlerons des retraites et du financement de la protection sociale. N'intervenez plus !

J'avais dit à la télévision, le matin même, avoir l'impression d'être la seule adulte autour de la table. L'expression a marqué les esprits. Comme je suis d'un naturel calme, lorsque je m'énerve cela se remarque. Ce clash entre le Premier ministre et les syndicats a finalement permis de prendre la bonne distance avec le gouvernement et de souder les organisations qui restent. Car certaines ont quitté la table. Lors de la première réunion, celle qui lançait la négociation, en février, FO s'en est allée, ne se reconnaissant pas dans le cadre des discussions.

Après la petite phrase de François Bayrou, c'est au tour de la CGT de quitter le « conclave ». Je le regrette, car plus on est nombreux, plus on a de poids, plus nos propositions peuvent porter. Mais je ne suis pas étonnée. La CGT a toujours pensé que ce « conclave » ne pourrait pas aboutir.

Même sans la CGT et FO, nous décidons de continuer. Au fond, nous n'avons jamais envisagé de quitter les discussions. Nous nous devons d'essayer d'obtenir des avancées sociales. C'est notre rôle, notre conception du syndicalisme. Et même si le Premier ministre n'en veut pas, notre position n'a jamais changé : « 64 ans, c'est toujours non », comme le clamaient des millions de Français en 2023. Nous n'avons pas renié nos convictions, même si nous avons toujours su qu'une négociation demande à chacun de faire un pas vers l'autre. Nous savons aussi que le retour aux 62 ans nécessite de trouver 10 milliards d'euros et que le Premier ministre a fixé comme règle de ne pas dégrader les finances publiques. Il nous faut donc trouver ailleurs de nouvelles recettes.

Après des débuts un peu chaotiques, les négociations ont pu reprendre, dans un climat plus apaisé, bien que dans une configuration plus restreinte. Pendant ce printemps social, un peu comme au festival d'Avignon, il y a eu le *in* et le *off*, les réunions studieuses et calmes d'un côté, les interférences bruyantes de l'autre. Nous avons essayé de nous en affranchir le plus possible, mais cela fut difficile. Ainsi va la vie syndicale. Les politiques ne peuvent jamais s'empêcher de se mêler des discussions sociales, même quand ils nous les ont confiées.

Ce « conclave » a fait d'autant moins exception qu'il a été décidé sur fond de *deal* politique entre un Premier ministre jouant sa survie et un Parti socialiste cherchant des raisons de ne pas le censurer. Au fur et à mesure des quinze réunions qui se sont tenues tous les jeudis – auxquelles je n'ai pas participé personnellement, c'est Yvan Ricordeau qui représentait la CFDT –, le débat public s'est crispé. L'économie de guerre – « les canons plutôt que les pensions » –, l'explosion de la dette, la nécessité de milliards d'euros d'économie ont progressivement dessiné un décor anxiogène et peu propice aux avancées sociales. D'autant que nous n'avions pas le droit de creuser le déficit. Ce contexte a pesé sur nos travaux. L'U2P, une des organisations patronales représentant les artisans et professions libérales, a quitté le « conclave » à son tour en raison de cette situation économico-internationale. De mon côté, j'étais sur le terrain sans relâche. Tout au long de ces semaines, j'ai continué de rencontrer des salariés. Ils étaient conscients de la réalité mais voulaient que l'on parle de leurs problèmes, de la pénibilité de certains métiers, de leurs difficultés à boucler les fins de mois. Je me souviens de ces aides-soignantes à Bobigny qui me demandaient des solutions, alors qu'un tiers d'entre elles sont trop usées pour tenir jusqu'à 64 ans. Toutes et tous veulent que nous défendions notre modèle social, que nous l'améliorions. C'est au fond la raison d'être de notre participation à ce « conclave ». Même si elles n'ont pas abouti à un accord, je tiens à défendre ici la méthode de ces discussions.

Pour la première fois, des négociations sociales ont été animées par une personnalité qui connaissait et les syndicats et les organisations patronales. Je veux rendre hommage ici à Jean-Jacques Marette. Avoir un animateur neutre, soucieux des positions de tout le monde et de l'équilibre entre les parties était une véritable chance. Pour une fois, ce n'est pas le Medef qui a présidé, qui a tenu la plume. C'est Jean-Jacques Marette qui a fait la liste des sujets à l'ordre du jour, a passé commande aux administrations centrales des chiffrages des mesures envisagées. Jamais nous n'avions connu une discussion aussi riche sur les retraites. Nous avons plaidé pour que la pénibilité soit prise en compte, pour que les salariés qui portent des charges lourdes, qui travaillent la nuit, en horaires décalés, dans des postures harassantes, en bref qui se fatiguent physiquement plus que les autres au travail, puissent partir plus tôt. C'est une revendication fondamentale de la CFDT, car nous ne sommes pas tous égaux face à la retraite. Avec le système que nous proposons, 4 millions de travailleurs minimum étaient dans le nouveau système de pénibilité. Des centaines de milliers d'entre eux auraient pu partir avant 64 ans. Nous avons aussi défendu l'amélioration de la retraite des femmes en prenant à nouveau en compte les trimestres de maternité. Le Medef et la CPME, eux, ont défendu la retraite par capitalisation. C'est-à-dire un système d'épargne individuelle dans lequel les travailleurs mettent de côté pour financer une partie de leur propre retraite. Cette idée est soutenue aussi, entre autres, par Édouard Philippe. À la CFDT, nous sommes très attachés au système par répartition, à la solidarité intergénérationnelle plutôt qu'au « chacun pour soi » ! Dans ce système, ce sont les cotisations fondées sur les revenus des travailleurs en activité qui servent à payer les pensions des retraités. Une part de capitalisation existe déjà pour les fonctionnaires. Mais la généralisation de la capitalisation ne sera jamais la solution.

Alors, pourquoi ce « conclave » a-t-il finalement échoué ? Pourquoi, malgré cette manière de faire singulière, n'a-t-on pas réussi à changer les 64 ans ni même à permettre à des centaines de milliers de personnes de s'arrêter plus tôt ? La réponse est simple, c'est toujours la même : une négociation échoue lorsque l'un des partenaires ne veut pas qu'elle aboutisse. Là, ce sont le Medef et les politiques macronistes qui ne souhaitaient surtout pas que l'on touche à la réforme Borne, qui ont empêché le « conclave » d'aboutir. Ils avaient approuvé les 64 ans, pensaient que ce décalage de l'âge était une bonne mesure, à même de ne pas creuser le déficit du régime des retraites. Le patronat en avait fait un totem. Et il n'a jamais eu l'intention d'en bouger. Il n'a surtout pas voulu non plus aller vers une meilleure prise en compte de la pénibilité. Malgré cet échec, je ne regrette pas d'avoir essayé, d'avoir joué le jeu du dialogue social. Jusqu'au bout. C'est le rôle de la CFDT, notre façon d'être. Nous avons été au rendez-vous. Nous nous sommes battus jusqu'à la dernière minute pour améliorer la vie de celles et ceux qui travaillent dur. Au-delà des grandes déclarations, peu d'acteurs ont fait le choix de la responsabilité. Je ne peux que le déplorer.

Et maintenant ? Quelle est la solution ? Le Parlement peut toujours s'emparer de la question des retraites. C'est lui qui est souverain. Certains plaident pour un référendum sur les 64 ans. En réalité, il a déjà eu lieu en 2023 : le monde du travail s'est majoritairement exprimé contre cette réforme. Chacun sait qu'elle est injuste, qu'il faut la modifier. Et pourtant, elle s'applique. Voulue par Emmanuel Macron, elle demeure une blessure démocratique. Elle ne sera soignée que lors de la prochaine présidentielle. En espérant que d'ici là les apprentis sorciers des 65, 66 ou 67 ans ne parviennent pas à leurs fins. Rendez-vous en 2027.

Remerciements

C'est parce que je suis particulièrement bien entourée que ce livre a pu voir le jour.

Tous mes remerciements à Cécile, plume patiente, critique et exigeante.

Je pensais que parvenir à me faire parler de moi relèverait de la prouesse. Elle a su le faire.

Merci à Sophie de Closets pour sa confiance et sa curiosité.

Merci à Isabelle, Alexandra et Dominique pour leurs questionnements attentifs, leur relecture bienveillante et leurs précieux conseils.

Merci à toute l'équipe du secrétariat général qui m'entoure et m'accompagne : Luc, Élise, Mylène, Anne-Rose, Nadège, Valérie, Vincent, Christopher et ma fée, Nadia.

Merci à Yvan, Jocelyne, Béatrice, Fabien, Isabelle, Lydie, Luc et Olivier pour leur confiance et leur engagement à la commission exécutive.

Merci à Christophe, directeur général de l'AFEV, de m'avoir permis d'être marraine d'une promotion d'apprentis solidaires. Merci à Yacine, Nadia, Frédéric et Cédric pour cette belle expérience. J'admire leur engagement au service des jeunes et de la solidarité.

Merci aux apprentis solidaires que j'ai eu la chance de suivre pendant ces six mois. Merci à Julien, Rémy, Alexis, Célia, Candice, Camille, Élise, Hugo, Lucas, Maélia, Pierre, Quentin et Sam. Croyez en vous.

Merci aux militantes et militants, cœur battant de notre CFDT. Des lieux de travail à la confédération. Merci pour leur confiance, la force et le soutien que nos rencontres m'apportent.

TABLE

Un seul rendez-vous 9
Rien ne me prédestinait à cette vie 19
Le choix de l'engagement 31
La blessure démocratique 39
Numéro une 51
Premier syndicat de France 59
La course des petits chevaux pour Matignon. 67
Je découvre la politique 81
Je lutterai toujours contre l'extrême droite 95
Le monde selon Trump 109
Je veux changer la CFDT 117
Ni valeur travail ni droit à la paresse 131
La défense de l'environnement a guidé ma vie 143
Le féminisme est un perpétuel combat 153
L'art de la négociation 161
Rendez-vous en 2027 171

Remerciements 179

Les Éditions Flammarion sont investies dans une démarche active pour l'empreinte environnementale de leurs parutions.

Ainsi, le livre que vous tenez entre vos mains a été imprimé en France sur des papiers issus de forêts gérées durablement, par un imprimeur engagé dans la protection de l'environnement.

Cet ouvrage a été mis en pages par

<pixellence>

CET OUVRAGE
A ÉTÉ ACHEVÉ D'IMPRIMER
SUR ROTO-PAGE
PAR L'IMPRIMERIE FLOCH
À MAYENNE EN AOÛT 2025

N° d'édition : 658302. N° d'impression : 107414
Dépôt légal : août 2025
Imprimé en France